John Nicum

Die Gleichnisreden Jesu

John Nicum

Die Gleichnisreden Jesu

ISBN/EAN: 9783743656000

Hergestellt in Europa, USA, Kanada, Australien, Japan

Cover: Foto ©Lupo / pixelio.de

Weitere Bücher finden Sie auf **www.hansebooks.com**

Die Gleichnisreden Jesu.

Mit 38 Bildern.

In den Worten der Heiligen Schrift erzählt

und mit

Sprüchen, Katechismus- und Liederangabe, Fragen und Sacherklärung versehen.

Reading, Pa.
Herausgegeben von der Pilger-Buchhandlung.
1884.

Entered according to Act of Congress in the year
1884, by
AUGUSTUS BENDEL,
In the Office of the Librarian of Congress at Washington.

Die Gleichnisse Jesu.

Einleitung.
(Matth. 13, 1—3. 9—13.)

Jesus redete zu Seinen Jüngern und zum Volke mancherlei vom Reiche Gottes und durch **Gleichnisse.** Eines Tages setzte Er sich an

das galiläische Meer. Und es versammelte sich viel Volks zu Ihm, also daß Er in das Schiff trat und alles Volk stand am Ufer. Und Er redete zu ihnen mancherlei durch Gleichnisse und sprach: Wer Ohren hat zu hören, der höre! Und die Jünger traten zu Ihm und sprachen: Warum redest Du zu ihnen durch Gleichnisse? Er antwor=

tete und sprach: Euch ist gegeben, daß ihr das Geheimnis des Himmelreichs vernehmet; diesen aber ist es nicht gegeben. Denn wer da hat, dem wird gegeben, daß er die Fülle habe; wer aber nicht hat, von dem wird auch genommen, das er hat. Darum rede Ich zu ihnen durch Gleichnisse. Denn mit sehenden Augen sehen sie nicht, und mit hörenden Ohren hören sie nicht; denn sie verstehen es nicht.

1. Zweck der Gleichnisse: Der Herr Jesus hat oft in Bildern und Gleichnissen geredet. Er greift hinein in das Reich der Natur, holt daraus allerlei hervor und stellt darunter das Kommen Seines Reiches dar 2c. Er wählt die einfachsten Bilder: Säen und Ernten, Fischfang, Einladung zur Mahlzeit, Hochzeit, Sauerteig u. dergl., die jedermann bekannt sind. Gleichnisse sollen dazu dienen, eine Sache leichter verständlich zu machen. Diese Wirkung hatten dieselben auch gemeiniglich bei denen, die Gottes Wort gerne hörten und bewahrten; namentlich wenn der Herr noch Seine Erklärung dazu beifügte.

Allein Gleichnisse haben noch eine andere Wirkung. Es verhält sich mit ihnen, wie mit jener Wolke (2. Mos. 14, 19. 20): dem einen geben sie Licht und Klarheit, den andern Dunkelheit, daß sie mit sehenden Augen nicht sehen und mit hörenden Ohren nicht hören. Diese Wirkung nehmen wir an dem irdisch-gesinnten Volke wahr. Die da nicht haben, denen wird auch genommen, das sie haben. Die Leute hatten die Bergpredigt gehört, viele Thaten und Wunder gesehen; aber sie **hatten doch weder gehört noch gesehen.** Was ihnen gegeben war, hatten sie mißbraucht und verdorben; darum soll ihnen **genommen** werden, das sie haben. „Ihr sollt das Heiligtum nicht den Hunden geben" 2c. Der Herr redet zu ihnen vornehmlich in Gleichnissen (Markus 4, 11), daß sie es **nicht** sehen, ob sie es schon sehen. Es ist dies als eine Strafe Gottes anzuerkennen, welche auf die Sünde der hartnäckigen Verachtung Seiner Güter folgt. Den andern aber, **die da haben,** die in einem feinen und guten Herzen das Wort bewahren und nach der Gerechtigkeit hungrig und durstig sind, wird **gegeben,** daß sie die Fülle haben. Denen, die um Ihn sind und Ihn fragen, ist es vom Herrn gegeben, die Geheimnisse des Reiches Gottes zu wissen.

2. Einteilung der Gleichnisse:

I. Abteilung.

Die Pflanzung, Ausbreitung, Entwicklung und Vollendung des Reiches Gottes.

1. Der Säemann.
2. Das Unkraut unter dem Weizen.

Einleitung.

3. Das Senfkorn.
4. Der Sauerteig.
5. Der Schatz im Acker.
6. Die köstliche Perle.
7. Das Netz im Meere.

II. Abteilung.
Die Gnade und das Erbarmen Gottes.

8. Der barmherzige Samariter.
9. Das große Abendmahl.
10. Das verlorne Schaf.
11. Der verlorne Groschen.
12. Der verlorne Sohn.
13. Der ungerechte Haushalter.
14. Der reiche Mann.
15. Der ungerechte Richter.
16. Pharisäer und Zöllner.
17. Die beiden Schuldner.
18. Die königliche Rechnung.

III. Abteilung.
Die richtende Gerechtigkeit Gottes.

19. Die Arbeiter im Weinberg.
20. Die anvertrauten Pfunde.
21. Die anvertrauten Zentner.
22. Der reiche Scheunenbauer.
23. Der unfruchtbare Feigenbaum.
24. Die königliche Hochzeit.
25. Die ungleichen Söhne.
26. Die bösen Weingärtner.
27. Die zehn Jungfrauen.

Außer diesen finden sich in den Evangelien noch eine Reihe von **Gleichnisreden**. Diese begegnen uns namentlich in der Bergpredigt, da der Herr handelt von den **Vögeln, Lilien, dem klugen und thörichten Bauherrn** und in den Reden, die Johannes berichtet: z. B. **der gute Hirte, der Weinstock** u. s. w.

1. Vom Säemann oder viererlei Acker.

Luk. 8, 4—15. (Vergl. Matth. 13, 3—9, 18—23. Mark. 4. 3—10, 14—20.)

1. Das Gleichnis. Da nun viel Volks bei einander war und aus den Städten zu Jesu eilte, sprach Er durch ein Gleichnis: Es ging ein Säemann aus, zu säen seinen Samen; und indem er säete, fiel etliches an den **Weg** und ward zertreten, und die Vögel unter dem Himmel fraßen es auf. Und etliches fiel auf den **Fels**; und da es auf-

ging, verdorrete es, darum, daß es nicht Saft hatte. Und etliches fiel mitten unter die **Dornen**; und die Dornen gingen mit auf und erstickten es. Und etliches fiel auf ein **gutes Land**; und es ging auf und trug hundertfältige Frucht. — Da Er das sagte, rief Er: Wer Ohren hat zu hören, der höre!

2. Die Deutung des Gleichnisses. Es fragten Ihn aber Seine Jünger und sprachen, was dieses Gleichnis wäre? Er aber sprach: Der Same ist das **Wort Gottes**. Die aber an dem Wege sind, das sind, die es hören; danach kommt der Teufel und nimmt das Wort von ihren Herzen, auf daß sie nicht glauben und selig werden. Die aber auf dem **Fels**, sind die, wenn sie es hören, nehmen sie das Wort mit Freuden an; und die haben nicht Wurzel, eine Zeit lang glauben sie, und zu der Zeit der Anfechtung fallen sie ab. Das aber unter die **Dornen** fiel, sind die, so es hören und gehen hin unter den Sorgen, Reichtum und Wollust dieses Lebens, und ersticken und bringen keine Frucht. Das aber auf dem **guten Lande**, sind, die das Wort hören und behalten in einem feinen guten Herzen, und bringen Frucht in Geduld.

Sprüche: 1. Petri 1, 22. 23: „Als die da wiederum geboren sind, nicht aus vergänglichem, sondern unvergänglichem **Samen**, nämlich dem lebendigen **Wort Gottes**, das da ewiglich bleibet." Jakobi 1, 18: „Er hat uns **gezeuget** nach seinem Willen **durch das Wort** der Wahrheit." V. 21: „Nehmet das **Wort** an mit Sanftmut, das in euch **gepflanzet** ist, welches kann eure Seelen selig machen." 1. Timoth. 6, 9: „Die da **reich** werden wollen, die fallen in Versuchung und Stricke und viele thörichte und schädliche Lüste, welche versenken die Menschen ins Verderben und Verdammnis." Gal. 5, 22: „Die **Frucht** aber des Geistes ist Liebe, Freude, Friede, Geduld, Freundlichkeit, Gütigkeit, Glaube, Sanftmut, Keuschheit." Lukas 11, 28: „Ja, selig sind, die **Gottes Wort hören** und **bewahren**."

Katechismus: Erste Bitte: „Wo Gottes Wort lauter und rein gelehret wird und wir auch heilig als die Kinder Gottes danach leben." Dritte Bitte: „Wenn Gott allen bösen Rat und Willen bricht und hindert, so ꝛc."

Lied: Laurentius Laurentii: „O Mensch, wie ist dein Herz bestellt." Aus Denicke's Lied: „Wir Menschen sind zu dem, o Gott." Verse 5 bis 7.

Fragen: 1. Wann redete der Herr dieses Gleichnis? 2. Von wem handelt dasselbe? 3. An welchem Sonntag im Kirchenjahr wird über das Evangelium vom Säemann gepredigt? 4. Was sagt nun der Herr vom Säemann? 5. Was geschah, indem er säete? 6. Wie erging's dem Samen am Wege? 7. Wohin fiel der Same noch? 8. Was geschah, als er aufging? 9. Warum verdorrete derselbe? 10. Wohin fiel der Same noch? 11. Wie erging es dem Samen unter den Dornen? 12. Endlich fiel der Same noch wohin? 13. Wie rief der Herr, als Er das sagte? 14. Wer fragte Ihn nach der Deutung dieses Gleichnisses? (Vergl. Mark. 4, 10: „Die um Ihn waren samt den Zwölfen.") 15. Was ist der Same? 16. Welche sind die am Wege? 17. Wer nimmt das Wort von ihren Herzen? 18. Welche Absicht hat der Teufel hierbei? 19. Wozu ist uns also das Wort Gottes gegeben? 20. Kann man ohne Glauben auch selig werden? (Vergl. Mark. 16, 16: „Wer aber nicht glaubet ꝛc.") 21. Welche sind die auf dem

Fels? 22. Was ist an diesen zu loben? 23. Was muß aber der Herr an ihnen beklagen? 24. Wie lange glauben sie? 25. Was geschieht aber in der Zeit der Anfechtung? 26. Warum fallen diese dann ab? 27. Welche sind die unter den Dornen? 28. Was sagt der Herr von diesen? 29. Wodurch wird der Same in ihren Herzen erstickt? 30. Wozu kommt es bei ihnen nicht? 31. Welche sind aber die auf dem guten Lande? 32. Was kommt bei diesen noch zum Hören? 33. Worin behalten sie das Wort? 34. Was bringt deshalb der Same bei ihnen hervor? 35. War dies auch bei den anderen der Fall? 36. Wie nennt der Herr sonst noch die, welche Gottes Wort hören und bewahren? (Vergl. Luk. 11, 28: „Ja, selig sind die ꝛc.")

Bemerkungen: Nicht am Sämann, nicht am Samen liegt es, daß der größte Teil des Ackers keine Frucht bringt. Der Sämann bestellt den Acker mit Sorgfalt und Treue und säet nur guten Samen; aber das von Natur verdorbene Herz, der Teufel und die Welt sind schuld, daß so viel Gottes-Wort ohne Frucht bleibt. Die **am Wege** sind dem Könige Pharaoh ähnlich, der die Predigt und Zeichen, welche Gott durch Mosen und Aaron thun ließ, nicht zu Herzen nahm. (2. Mose 7, 23) Die **auf dem Fels** sind wie Demas (2. Tim. 4, 10); wie die Jünger (Joh. 6, 66); wie das Volk, das am Palmsonntag „Hosianna" rief und, als sich die Umstände geändert, am Karfreitag mit der Menge „Kreuzige" schrie. Bei denen **unter den Dornen** ersticken die Saat: 1. die Sorgen (Matth. und Mark. setzen hinzu dieser Welt) und 2. der Reichtum. Beispiele: Der thörichte Reiche (Lukas 12, 16—21); der reiche Jüngling (Matth. 19, 20—24); die Gemeinde zu Laodicäa (Offbg. 3, 17). Ferner 3. die Wollust, wie bei Herodes (Matth. 14, 3. 4) und Felix (Apgsch. 24, 25). Die **auf dem guten Lande** erinnern an Zachäus (Luk. 19, 8) und die erste Christengemeinde (Apgsch. 2, 44—47).

2. Das Unkraut unter dem Weizen.
(Matth. 13, 24—30 und 36—43.)

1. Das Gleichnis. Er legte ihnen aber ein anderes Gleichnis vor und sprach: Das Himmelreich ist gleich einem Menschen, der guten Samen auf seinen Acker säete. Da aber die **Leute schliefen,** kam sein Feind und säete Unkraut zwischen den Weizen und ging davon. Da nun das Kraut wuchs und Frucht brachte, da fand sich auch das Unkraut. Da traten die Knechte zu dem Hausvater und sprachen: Herr, hast du nicht guten Samen auf deinen Acker gesäet? Woher hat er denn das Unkraut? Er sprach zu ihnen: Das hat der **Feind** gethan.

Da sprachen die Knechte: Willst du denn, daß wir hingehen und es ausjäten? Er sprach: Nein! auf daß ihr nicht zugleich den Weizen mit ausraufet, so ihr das Unkraut ausjätet. Lasset beides mit einander wachsen **bis zur Ernte**; und um der Ernte Zeit will ich zu den Schnittern sagen: Sammelt zuvor das Unkraut und bindet es in Bündlein, daß man es verbrenne; aber den Weizen sammelt mir in meine Scheunen.

2. Die Deutung des Gleichnisses. Da ließ Jesus das Volk von sich und kam heim. Und Seine Jünger traten zu Ihm und sprachen: Deute uns dieses Gleichnis vom Unkraut auf dem Acker. Er antwortete und sprach zu ihnen: Des Menschen Sohn ist's, der

da **guten Samen** säet. Der **Acker** ist die Welt. Der gute Same sind die Kinder des Reichs; das Unkraut sind die Kinder der Bosheit. Der **Feind**, der sie säet, ist der Teufel. Die **Ernte** ist das Ende der Welt. Die **Schnitter** sind die Engel. Gleichwie man das Unkraut ausjätet und mit Feuer verbrennt, so wird's auch am Ende dieser Welt gehen. Des Menschen Sohn wird Seine Engel senden, und sie werden sammeln aus Seinem Reiche alle Aergernisse und die da Unrecht thun, und werden sie in den Feuerofen werfen, da wird sein Heulen und Zähnklappern. Dann werden die Gerechten leuch=

ten, wie die Sonne in ihres Vaters Reich. Wer Ohren hat zu hören, der höre.

Sprüche: 1. Kor. 3, 4: „Wir sind Gottes Mitarbeiter; ihr seid Gottes Ackerwerk." Apgsch. 5, 3: „Anania, warum hat der Satan dein Herz erfüllet, daß du dem heiligen Geiste lügest?" Offbg. 14, 15: Ein anderer Engel schrie mit großer Stimme: „Schlage an mit deiner Sichel und ernte; denn die Zeit zu ernten ist gekommen, denn die Ernte der Erde ist dürre geworden." Matth. 24, 31: „Er wird senden Seine Engel mit hellen Posaunen und sie werden sammeln Seine Auserwählten." Matth. 3, 12: „Er wird den Weizen in Seine Scheune sammeln; aber die Spreu wird Er verbrennen mit ewigem Feuer." Daniel 12, 3; „Die Lehrer aber werden leuchten, wie des Himmels Glanz, und die, so viele zur Gerechtigkeit wiesen immer und ewiglich." 2. Tim. 2, 19: „Der Herr kennet die Seinen."

Katechismus: 3. Artikel: „Der heilige Geist hat mich durchs Evangelium berufen." Sechste Bitte: „Wir bitten in diesem Gebet, daß uns Gott wolle behüten und erhalten, auf daß ꝛc." Siebente Bitte: „Mit Gnaden von diesem Jammerthal zu sich nehme in den Himmel."

Lied: Luther: „Erhalt uns, Herr, bei Deinem Wort." Gustav Adolph: „Verzage nicht, o Häuflein klein." Luther: „Ach Gott vom Himmel sieh' darein."

Fragen: 1. Wem gleicht der Herr hier das Himmelreich? 2. Wer ist dieser Mensch? 3. Was für Samen säet des Menschen Sohn? 4. Wohin säet Er diesen guten Samen? 5. Was ist dieser Acker? 6. Was geschah, während die Leute schliefen? 7. Wer ist der Feind des Menschen Sohnes? 8. Was thut dieser Feind? 9. Wie deutet der Herr das Unkraut? 10. Wer ist aber der gute Same? 11. Wußten die Knechte gleich, was geschehen war? 12. Erst wann entdecken sie das Unkraut? 13. An wen wenden sich nun die Knechte? 14. Welche Frage richten sie an den Hausvater? 15. Was gibt er ihnen zur Antwort? 16. Was fragen die Knechte weiter? 17. Was meint ausjäten? (Ausreißen, auswurzeln). 18. Was antwortet der Hausvater hierauf? 19. Warum verbietet er es den Knechten? 20. Welche weitere Anweisung gibt er denselben? 21. Was ist die Ernte? 22. Was wird er zur Erntezeit sagen? 23. Wer sind die Schnitter? 24. Welches sollen sie zuerst sammeln? 25. Was wird mit dem Unkraut geschehen? 26. Was mit dem Weizen? 27. Wie wird es dann den Gottlosen ergehen? 28. Wie aber den Gerechten? 29. Welche Schlußmahnung setzt der Herr noch hinzu? 29. An welchem Sonntag im Kirchenjahr wird über dieses Gleichnis geprebigt?

Bemerkungen: Gottes Acker, die schöne Schöpfung zu verderben, darauf ging der Teufel von Anfang an aus vgl. 1. Mose 3. Dieses Spiel treibt er immer noch, namentlich wo Gottes Reich angeht und der gute Same reichlich ausgestreut wird. Der Teufel säete sein Unkraut unter die 12 Apostel, deren einer ein Kind der Bosheit geworden war. Und so ist bis auf diesen Tag kein Acker, den des Menschen Sohn mit Seinem guten Samen bestellte, auf dem der Teufel sein Unkraut nicht ausgestreuet hätte. — Das Unkraut sind die Heuchler, die falschen Lehrer, die offenbaren Sünder. — **Unkraut**, eigentlich Lolch oder Taumelweizen, dem Weizen täuschend ähnlich und nur dann recht kenntlich, wenn sich die Frucht zeigt (Matth. 7, 15—20); nach Schubert das einzige giftige Gras. — Der Acker ist die **Welt**, nicht das Volk Israel allein (Matth. 28, 19): „Gehet hin und lehret alle Völker"; aber nicht die Welt im Gegensatz zum Reich Gottes; sondern die Welt, welcher das Evangelium gepredigt wird, also die sichtbare Kirche. — Dieses Gleichnis geht schnurstracks wider die Lehre der Baptisten, daß die Gemeinde nur aus wahrhaft Wiedergebornen bestehen müsse, und der Methodisten, daß nur wirklich Bekehrte zu ihr gehören dürfen. Art. VIII. der Augsb. Konfession lehrt unsre ev.-luth. Kirche, daß in der sichtbaren Kirche „viel falsche Christen und Heuchler" unter den Frommen seien. — Nicht **ausjäten** sollen die Knechte das Unkraut. Ausjäten heißt: mit der Wurzel herausreißen, welches zur Folge hat, daß es verdirbt. Die Kinder der Bosheit sollen also die Knechte nicht töten, noch am Leibe schädigen. Da bricht der Herr den Stab über die Ketzerverbrennung, die Folterqualen der Inquisition 2c., der römischen Kirche. Stecke dein Schwert in die Scheide! Nicht die christliche Zucht in der Gemeinde (Matth. 18, 15—17) soll hiermit aufgehoben sein. Man soll das Unkraut nicht zum Weizen rechnen. Auf die weltliche Obrigkeit hat dieses Gleichnis keinen Bezug. Sie trägt das Schwert nicht umsonst (Röm. 13, 4). Hierher gehört Luthers Ermahnung vom Oktober 1529, dem Kaiser ja nicht mit Waffen zu widerstehen, wenn er die Evangelisten des Glaubens halber überfalle und eher zu leiden, als mit Gewalt das Evangelium zu verteidigen. Luther stand mit diesem Rat ganz allein da.

3. Vom Senfkorn.

Matth. 13, 31. 32. (Vergl. Mark. 4, 31. 32. Luk. 13, 19.)

Das Himmelreich ist gleich einem **Senfkorn**, das ein Mensch nahm und säete es auf seinen Acker. Welches das kleinste ist unter allen Samen; wenn es aber erwächst, so ist es das größeste unter dem Kohl und wird ein Baum, daß die Vögel unter dem Himmel kommen und wohnen unter seinen Zweigen.

Sprüche: Mark. 16, 15: „Gehet hin in alle Welt 2c." Vers 20: „Sie aber gingen aus und predigten an allen Orten." Jes. 55, 10. 11: „Denn gleichwie der Regen und Schnee vom Himmel fällt — und macht sie (die Erde) fruchtbar und wachsend — also soll das Wort, das aus Meinem Munde gehet, auch sein. Es soll nicht wieder zu Mir leer kommen" 2c. Kol. 1, 23: „Das Evangelium ist geprediget unter aller Kreatur."

Katechismus: Zweite Bitte: „Dein Reich komme." „Gottes Reich kommt wohl ohne unser Gebet" 2c. „Wenn der himmlische Vater uns Seinen heiligen Geist gibt" 2c. Dritter Artikel: „Der heilige Geist hat mich durchs Evangelium berufen."

Lied:
„Was einst ein kleines Senfkorn war,
Das breitest Du von Jahr zu Jahr
  Weit aus mit mächt'gen Zweigen.
Zu Tausenden erwächst Dein Bund
Und öffnet Herz und Hand und Mund,
  Für Gottes Heil zu zeugen;
Deinen reinen Lebenssamen,
Deinen Namen
  Durch die Weiten
Aller Länder auszubreiten."

(Aus Alb. Knapps: „Hier stehen wir von nah und fern").

Fragen: 1. Womit vergleicht der Herr das Himmelreich? 2. Wohin wird das Senfkorn gesäet? (Der „Acker" ist die Welt. V. 38). 3. Was ist eigentümlich beim Senfkorn? 4. Was soll uns dieses Gleichnis lehren? 5. Welches Werk der Kirche ist dadurch angedeutet?

Bemerkungen: Die Schrift gebraucht mehrmals das Bild der **Bäume**, wenn sie von Königreichen oder auch von einzelnen Personen redet. Nebukadnezar: Dan. 4, 17—19. Assur: Hes. 31, 3 ff. Israel: Hos. 17, 3 ff. Unter dem herrlichen Cedernbaum (V. 22—24), welcher aus einem zarten Reis (Christus, Jes. 53, 2) werden soll, ist bereits auf das Reich Gottes im

Neuen Testament, welches auf dem hohen Berg Israels gepflanzt wird, hingewiesen. Die Juden gebrauchten das Senfkorn sprüchwörtlich zur Bezeichnung eines sehr kleinen Gegenstandes. Der Senfbaum erreicht die Größe eines kleineren Obstbaumes. Das Ungewöhnliche ist, daß ein so winziger Same zu einer so großen Pflanze, einem wirklichen Baume mit Aesten heranwächst. Das Senfkorn eignet sich darum so wohl, das **Reich Gottes**, wie es von so kleinen Anfängen zu solchem Umfang heranwachsen soll, darzustellen. Noch zu Lebzeiten Johannis, des Evangelisten, fanden sich **Christengemeinden** nicht nur in Palästina, Kleinasien, Macedonien, Griechenland und Rom, sondern auch im nördlichen Afrika, Spanien und südlichen Frankreich, Persien und Arabien. Später verkündigten das Evangelium Patricius unter den Iren, Augustin unter den Angelsachsen, Columban unter den Schotten, Willibrord unter den Friesen, Bonifacius unter den Deutschen und Ansgar unter den Skandinaviern. Spätere Missionare: Chr. Fried. Schwarz in Ostindien, Hans Egede auf Grönland, Ziesberger unter den Indianern. Christen: 425 Millionen. — „Die Vögel unter dem Himmel" 2c. Viele, die nicht zum **Reich Gottes** gehören, genießen die Segnungen desselben. Christliche Regierung, Schutz, wohlthätige Anstalten 2c.

4. Vom Sauerteige.
Matth. 13, 33. (Vergl. Luk. 13, 21.)

Das Himmelreich ist einem Sauerteige gleich, den ein Weib nahm, und vermengete ihn unter drei Scheffel Mehl, bis daß es gar durchsäuert ward.

Sprüche: 2. Kor. 5, 17: „Ist jemand in Christo, so ist er eine neue Kreatur; das Alte ist vergangen, siehe, es ist alles neu geworden." Phil. 1, 6: „Der in euch angefangen hat das gute Werk, der wird es auch vollführen bis an den Tag Jesu Christi." 1. Thess. 5, 23: „Der Gott des Friedens heilige euch durch und durch, und euer Geist ganz samt der Seele und Leib müsse behalten werden unsträflich." Heb. 4, 12: „Das Wort Gottes ist lebendig und kräftig — und durchbringet Mark und Bein."

Katechismus: Viertes Stück von der Taufe: „Daß der alte Adam in uns durch tägliche Reue und Buße soll ersäuft werden und sterben . . . ." und wiederum täglich herauskommen und auferstehen ein neuer Mensch" ꝛc.

Lied: Nach Ruopp: „Erneure mich, o ew'ges Licht!" ꝛc. Ludämilia Elisabeth von Schwarzburg-Rudolstadt: „Schaff in mir, Gott, ein reines Herz" ꝛc.

Fragen: 1. Womit vergleicht der Herr das Himmelreich hier? 2. Was ist die Wirkung des Sauerteigs? 3. Warum vergleicht deßhalb der Herr das Himmelreich mit dem Sauerteig? 4. Wer nahm diesen Sauerteig? 5. Was thut das Weib mit demselben? 6. Was geschah mit den drei Scheffeln Mehl? 7. Was meint „gar"?

Bemerkungen: Die bekannte Wirkung des **Sauerteiges** ist das Durchdringen (Gal. 5, 9). So wird dieses Bild öfters in der Schrift gebraucht, sowohl vom Guten, als auch vom Bösen. In letzterem Sinne warnt der Herr vor dem Sauerteige (der Lehre) der Pharisäer und Sadducäer. Matth. 16, 6. 12. und Paulus redet (1. Kor. 5, 8) von einem Sauerteige der Bosheit und Schalkheit. Aber wie diese durchdringende Kraft dem Bösen eigen ist, so auch dem Guten. So wirkt das Himmelreich. Es breitet sich nicht nur aus (Senfkorn); sondern hat auch eine alles durchdringende Wirkung. — **Weib:** etwa Kirche, Predigt- und Lehramt. — **Vermengen:** nicht bloß neben das Mehl gelegt, sondern es muß hineingearbeitet, geknetet werden; d. h. gelehrt, gestraft, getröstet. 2. Tim. 3, 10. 11. und 4, 2: Predige das Wort ꝛc. — **Drei Scheffel:** am besten vom Einzelnen zu verstehen, und zu beziehen auf Geist, Seele und Leib (1. Thess. 5, 23). **Gar durchsäuert:** nicht zwei Herren dienen: es mit Christo halten und doch auch mit der Welt nicht verderben; sondern der Welt rein ab und Christo an. Ganze Buße: nicht ein Christ sein wollen und doch diese oder jene Lieblingssünde pflegen.

---

5. Vom Schatz im Acker.
Matth. 13, 44.

Abermal ist das Himmelreich gleich einem verborgenen Schatz im Acker, welchen ein Mensch fand und verbarg ihn und ging hin vor Freuden über denselbigen, und verkaufte alles, was er hatte und kaufte den Acker.

Sprüche: Kol. 2, 3. „In Christo liegen verborgen alle Schätze der Weisheit und der Erkenntniß." Phil. 3, 7: „Was mir Gewinn war, das habe ich um Christi willen für Schaden geachtet." Matth. 19, 29: „Wer

Von der köstlichen Perle. 15

verläffet Häufer . . . . oder Aecker um Meines Namens willen, der wird es hundertfältig nehmen und das ewige Leben ererben."

Katechismus: Dritter Artikel: „In welcher Chriftenheit Er mir und allen Gläubigen täglich alle Sünden reichlich vergibt" 2c.

Lied: „Wie bin ich doch fo herzlich froh, — Daß mein Schatz ift das A und O, — Der Anfang und das Ende" 2c. Aus Phil. Nicolais: „Wie schön leuchtet." „Reicher kann ich nirgends werden, — Als ich schon in Jesu bin, — Alle Schätze dieser Erden" 2c. Aus Sal. Liscovius: „Meines Lebens befte Freude." J. Schefflers Lied: „Ach sagt mir nicht von Gold".

Fragen: 1. Wem gleicht der Herr Jesus das Himmelreich hier? 2. Wie nennt er diesen Schatz? 3. Wo liegt der Schatz verborgen? 4. Werden ihn darum wohl viele finden? (Vgl. Matth. 7, 13. 14). 5. Was that der Mensch, der ihn fand, nun zunächst? 6. Welche Gefühle bewegten ihn über diesen Fund? 7. Hielt er diesen Schatz für wertvoll? 8. Woraus ift das zu erkennen? 9. Wie viel gab er dran, um diesen Schatz zu erlangen?

Bemerkungen: Irdische Güter gewähren einen, wenn auch unsichern, irdischen Unterhalt, Ehre 2c. und sind darum so geschätzt. Das Himmelreich ift ein **Schatz**, der allein wahrhaft glücklich macht und deffen Wert gerade dann empfunden wird, wenn irdisches Gut seinen Wert verliert. Ein Schatz, den Diebe nicht stehlen (Matth. 6, 19. 20); der sich nicht verzehrt; der zwar wenig Ehre bringt vor der Welt, umsomehr aber vor Gott. Denn er ift ein der Welt **verborgenes** und darum von ihr verachtetes Gut (1. Kor. 1, 18 ff.); wem aber der Herr die Augen öffnet, findet ihn. Wer ihn gefunden hat, ift **fröhlich** auch in Trübsalen (2. Kor. 6, 10) und achtet alles Irdische für Schaden gegen der überschwänglichen Erkenntnis Jesu Christi (Phil. 3, 8).

6. Von der köftlichen Perle.
Matth. 13, 45. 46.

Abermal ift gleich das Himmelreich einem Kaufmann, der gute Perlen suchte. Und da er eine köftliche Perle fand, ging er hin und verkaufte alles, was er hatte, und kaufte diefelbige.

16   Von der köstlichen Perle.

Sprüche: Jer. 29, 13. 14. „Ihr werdet Mich suchen und finden. Denn so ihr Mich von ganzem Herzen suchen werdet, so will Ich Mich von euch finden lassen, spricht der Herr." Matth. 6, 33: „Trachtet am ersten nach dem Reiche Gottes." Psalm 3, 14: „Ich jage nach dem vorgesteckten Ziel, nach dem Kleinod."

Katechismus: 2. Artikel: „Der mich ... erlöset hat nicht mit Gold oder Silber, sondern mit Seinem heiligen, teuren Blut und mit Seinem unschuldigen Leiden und Sterben, auf daß ich Sein eigen sei."

Lied: „Ei meine Perl', du werte Kron', — Wahr' Gottes- und Marienjohn, — Ein hochgeborner König!" Aus Ph. Nicolais: „Wie schön leuchtet." J. H. Schröder: „Eins ist not, ach Herr dies Eine."

Fragen: 1. Welches Bild gebraucht der Herr hier? 2. Was suchte dieser Kaufmann? 3. Und zwar nur was für Perlen? 4. Hatte er darin Erfolg? 5. Was fand er nämlich? 6. Wie teuer achtete er diese Perle?

Bemerkungen: Auch hier wird der hohe Wert des Evangeliums hervorgehoben. Ein jeder, dem Gott sehende Augen gegeben, muß den Strahlenglanz der **Perle** bewundern. Wenige nur vermögen die wertvollen von den weniger kostbaren zu unterscheiden, und noch wenigere sind imstande, den Wert einer **köstlichen** Perle zu beurteilen. Ein **Kaufmann,** der darin geübt ist, vermag es. Diese Erkenntnis kommt vom heiligen Geiste. Perlen gibt es vielerlei und die meisten lassen sich durch den Schimmer wertloser Perlen blenden (Weltlust ꝛc.); aber es gibt nur **eine** wahrhaft köstliche Perle, welche die wenigsten suchen.

7. Vom Netz im Meere.
Matth. 13, 47—50.

Abermal ist gleich das Himmelreich einem **Netze,** das ins Meer geworfen ist, damit man allerlei Gattung fängt. Wenn es aber voll ist, so ziehen sie es heraus an das Ufer, sitzen und lesen die

guten in ein Gefäß zusammen; aber die faulen werfen sie weg. Also wird es auch am Ende der Welt gehen. Die Engel werden ausgehen und die Bösen von den Guten scheiden, und werden sie in den Feuerofen werfen; da wird Heulen und Zähnklappern sein.

Sprüche: Mark 1, 17: „Ich will euch zu Menschenfischern machen." Mark. 16, 15: „Gehet hin in alle Welt und prediget das Evangelium 2c." Matth. 22, 9—14: „Ladet zur Hochzeit, wen ihr findet. Sie brachten zusammen, wen sie fanden, Gute und Böse. Und die Tische wurden alle voll. Da ging der König hinein und sahe allda einen Menschen 2c. Viele sind berufen 2c." Matth. 7, 21—23. „Es werden nicht alle, die zu mir sagen 2c." Matth. 25, 32. „Er wird sie von einander scheiden 2c." 2. Kor. 5, 10: „Wir müssen alle offenbar werden 2c."

Katechismus: Taufe, 2. Stück; „Gibt die ewige Seligkeit allen die es glauben." „Wer da glaubet und getauft wird, der wird selig; wer aber 2c." 2. Artikel: „Von dannen er wieder kommen wird, zu richten 2c." 3. Artikel: „Allen Gläubigen in Christo ein ewiges Leben geben wird."

Lied: „Die Heiden kommen viel dazu, — Die Juden nicht alleine 2c." Aus N. Selneckers: „Sie ist bewahrt." „Er kommt zum Weltgerichte." Aus P. Gerhardts: „Wie soll ich Dich empfangen."

Fragen: 1. Was vergleicht der Herr mit einem Netze? 2. Wohin wird das Netz ausgeworfen? 3. Was wird mit demselben gefangen? 4. Wann ziehen sie das Netz? 5. Was thun sie am Ufer? 6. Wann wird es auch so gehen? 7. Wer wird dann die Scheidung vornehmen? 8. In welchem andern Gleichnis erhalten die Engel einen ähnlichen Auftrag? 9. Was wird mit den Bösen geschehen?

Bemerkungen: Hauptzug des Gleichnisses: Darstellung des gemischten Zustandes des Himmelreiches in diesem Leben. **Netz:** Himmelreich, aber im uneigentlichen Sinne; dessen äußere, irdische Gestalt. Das Reich Gottes im eigentlichen Sinne umfaßt keine faulen Fische. **Ins Meer geworfen:** Das Evangelium gepredigt allen Völkern. **Allerlei Gattung:** Nicht bloß verschieden nach Alter, Stand, Nation, Gesichtsfarbe; sondern auch nach Beschaffenheit des Herzens: gute und faule, eigentlich „tote". — Im „Unkraut unter dem Weizen" ist den Knechten bereits lange vor der Ernte das Vorhandensein des Unkrauts bekannt. Erst als es ans Auslesen geht, stellt es sich heraus, daß auch „faule" im Netze sind. Es sind dies die feinen Heuchler, die nur Gott bekannt sind. In diesem Zuge stimmt dieses Gleichnis mit dem, was der Herr vom hochzeitlichen Kleide und den zehn Jungfrauen sagt, überein. — **Wenn voll:** Wenn das Evangelium in der ganzen Welt gepredigt sein wird (Matth. 24, 14.).

9. Der barmherzige Samariter.
Luk. 10, 25—37.

1. Was muß ich thun? Da stand ein Schriftgelehrter auf, versuchte Ihn und sprach: Meister, was muß ich thun, daß ich das ewige Leben ererbe? Er aber sprach zu ihm: Wie stehet im Gesetz **geschrieben?** Wie liesest du? Er antwortete und sprach: Du sollst Gott, deinen Herrn, lieben von ganzem Herzen, von ganzer Seele, von allen Kräften und von ganzem Gemüte und deinen Nächsten als dich selbst. Er aber sprach zu ihm: Du hast recht geantwortet; thue das, so wirst du leben. Er aber wollte sich selbst rechtfertigen und sprach zu Jesu: Wer ist denn mein Nächster?

2. Das Gleichnis. Da antwortete Jesus und sprach: Es war ein Mensch, der ging von Jerusalem hinab gen Jericho und fiel unter die Mörder; die zogen ihn aus und schlugen ihn und gingen davon und ließen ihn halb tot liegen. Es begab sich aber von ungefähr, daß ein **Priester** dieselbige Straße hinab zog, und da er ihn sah, ging er vorüber. Desselbigen gleichen auch ein **Levit**; da er kam an die Stätte und sah ihn, ging er vorüber. Ein **Samariter** aber reisete und kam dahin; und da er ihn sah, jammerte ihn sein, ging zu ihm, verband ihm seine Wunden und goß darein Oel und Wein; und hob ihn auf sein Tier und führte ihn in die Herberge und pflegte sein. Des anderen Tages reisete er und zog heraus zwei Gro=

20 Der barmherzige Samariter.

schen und gab sie dem Wirt und sprach zu ihm: Pflege sein; und so du etwas mehr wirst darthun, will ich dir's bezahlen, wenn ich wieder komme. Welcher dünkt dich, der unter diesen dreien der **Nächste** sei gewesen dem, der unter die Mörder gefallen war? Er sprach: Der die Barmherzigkeit an ihm that. Da sprach Jesus zu ihm: So gehe hin und **thue desgleichen.**

Sprüche: Math. 5, 7: „Selig sind die Barmherzigen, denn sie werden Barmherzigkeit erlangen." Jes. 58, 7: „Brich dem Hungrigen dein Brot und die, so im Elend sind, führe ins Haus, und so du einen nackend siehst, so

kleide ihn." Gal. 5, 6: „In Christo Jesu gilt allein der Glaube, der durch die Liebe thätig ist." 1. Joh. 3, 18: „Meine Kindlein, lasset uns nicht lieben mit Worten, noch mit der Zunge, sondern mit der That und mit der Wahrheit."

Katechismus: Fünftes Gebot: „Sondern ihm helfen und fördern in allen Leibesnöten." Schluß der Gebote: „Gott bräuet zu strafen alle, die diese Gebote übertreten."

Lied: Paul Speratus: „Es ist das Heil uns kommen her ꝛc." L. Laurentii: „O himmlische Barmherzigkeit ꝛc."

Fragen: 1. Was fragte der Schriftgelehrte den Herrn Jesum? 2. Wie antwortete ihm derselbe? 3. Was gab Ihm der Schriftgelehrte darauf zur Antwort? 4. War diese Antwort richtig? 5. Wie fragt nun der Schriftgelehrte weiter? 6. Warum thut er diese Frage? 7. Womit beantwortete der Herr nun diese Frage? 8. Wohin ging der Mensch? 9. Was war Jerusalem, was Jericho? 10. Wer ging einmal von Jericho **hinauf** nach Jerusalem? (Vgl. Luk. 18, 31. 35). 11. Wie erging es dem Menschen? 12. Was thaten die Mörder? 13. Wer kommt nun des Weges? 14. Was wird von ihm erzählt? 15. Wer sieht den Unglücklichen noch? 16. Hilft ihm dieser? 17. Was thut aber der Samariter? 18. Zähle die einzelnen Stücke auf. 19. Welche Frage richtet nun der Herr an den Schriftgelehrten? 20. Wie beantwortet dieser dieselbe? 21. War diese Antwort richtig? 22. Was sagt ihm der Herr Jesus darauf?

Bemerkungen: Schriftgelehrte: Gesetzeskundige Leute, welche das Gesetz erklärten, auch Rechtsgelehrte. Sie gehörten meist der Sekte der Pharisäer an. In seinem Wehe (Matth. 23) faßt der Herr beide zusammen. Sie liebten zu disputieren: „Wollte sich selbst **rechtfertigen**." **Nächster:** Es war eine Streitfrage, was das Wort heiße und wie weit sich seine Anwendung erstrecke. **Thue das, so** 2c.: Wer den Willen Gottes von ganzem Herzen, von ganzer Seele 2c. erfüllt, hat das ewige Leben. Aber wer thut das? Nur allein des Menschen Sohn. **Unter die Mörder:** Die bergige und wenig bewohnte Gegend, durch welche der Weg von Jerusalem nach dem etwa 20 englische Meilen entfernten Jericho führt, war von jeher und ist noch heutzutage unsicher. — In Hinsicht auf Gott gibt es kein **„ungefähr"**, Er kennt die Ursache aller Erscheinungen und Vorkommnisse, die uns zum großen Teil verborgen sind. — **Priester** und **Levit** mögen Mitleid mit dem Unglücklichen haben; aber was hilft ihm das? Solches Mitleid würde ihn verderben lassen. Was nützt Bezeugen des Mitleids während eines Brandes 2c.? Es gilt zu helfen und zu retten. Das thut der **Samariter**. Er läßt nicht ab zu helfen, bis ganz geholfen ist, soweit dies in seiner Macht steht. Samariter und Heiden beschämen oft durch ihren festen Glauben und ihre uneigennützigen Liebeswerke die Juden und auch die Christen heutzutage. — **„Gehe hin und thue"** 2c.: Gedenke der leiblich Kranken, Armen, Waisen, der geistlich notleidenden Glaubensbrüder 2c.

9. Das große Abendmahl.
Luk. 14, 16—24.

Jesus sprach: Es war ein Mensch, der machte ein groß Abendmahl und lud viele dazu. Und sandte seinen Knecht aus zur Stunde des Abendmahls, zu sagen den Geladenen: Kommt, denn es ist **alles** bereit. Und sie fingen an alle nach einander sich zu **entschuldigen**. Der e r st e sprach zu ihm: Ich habe einen Acker gekauft und muß hinaus gehen und ihn besehen; ich bitte dich, entschuldige mich. Und der a n d e r e sprach: Ich habe fünf Joch Ochsen gekauft, und ich gehe jetzt hin, sie zu besehen; ich bitte dich, entschuldige mich. Und der d r i t t e sprach: Ich habe ein Weib genommen, darum kann ich nicht kommen. Und der Knecht kam und sagte das seinem Herrn wieder.

Da ward der Haus=
herr zornig und sprach
zu seinem Knechte:
Gehe alsbald auf die
Straßen und Gassen
der Stadt und führe
die Armen und Krüp=
pel und Lahmen und
Blinden herein. Und
der Knecht sprach:
Herr, es ist geschehen,
was du befohlen hast;
es aber ist **noch Raum** da. Und der Herr sprach zu dem Knechte: Gehe aus auf die Landstraßen und an die Zäune und nötige sie her= ein zu kommen, auf daß mein Haus voll werde. Ich sage euch aber, daß der Männer keiner, die geladen sind, mein Abendmahl schmecken wird.

Sprüche: 2. Petri 3, 9: „Gott will nicht, daß jemand verloren werde, sondern daß sich jedermann zur Buße kehre." Jes. 55, 1: „Wohlan alle, die ihr durstig seid, kommt her zum Wasser, und die ihr nicht Geld habt, kommt her, kaufet und esset; kommt her und kaufet ohne Geld und umsonst beides Wein und Milch." 2. Kor. 5, 20: „So sind wir nun Botschafter an Christi Statt, denn Gott vermahnet durch uns; so bitten wir nun an Christi Statt: Lasset euch versöhnen mit Gott." Psalm 95, 7. 8: „Heute, so ihr Seine Stimme höret, so verstocket euer Herz nicht."

Katechismus: Erstes Gebot: „Ich bin der Herr dein Gott, du sollst nicht andere Götter haben. Wir sollen Gott über alle Dinge lieben." Drittes Gebot: „Wir sollen Gott fürchten und lieben, daß wir die Predigt und Sein Wort nicht verachten."

Das große Abendmahl. 23

Lied: „Du rufest auch noch heutzutage." Aus F. K. Hillers: „Ich lobe Dich, mein Auge schauet."

„Ich bitt' entschuld'ge mich:
So sprachen die Verächter
Und trieben mit dem Mahl
Des Höchsten ein Gelächter;
Sie kamen dennoch nicht,
Ob es schon war bereit.
Dergleichen Menschen sind
Auch noch zu unsrer Zeit 2c." E. G. Woltersdorf.

Fragen: 1. Was machte der „Mensch" im Gleichnis? 2. Wer ist dieser „Mensch"? 3. Wen lud er zu seinem Abendmahl? 4. Wen sandte

er aus? 5. Wann? 6. Welchen Auftrag hatte der Knecht? 7. Was thaten die Geladenen? 8. Womit entschuldigte sich der erste? 9. Der andere? 10. Der dritte? 11. Was that der Knecht darauf? 12. Wie wurde der Hausherr darüber gestimmt? 13. Was befahl er seinem Knechte? 14. Hat der Knecht dies gethan? 15. War aber darauf das Haus ganz voll geworden? 16. Welche weitere Anweisung gab der Herr dem Knechte? 17. Was sagt er aber von denen, die geladen sind?

Bemerkungen: Unter dem **Abendmahl** sind die himmlischen Güter, in Christo uns geschenkt, als geistliche Speise und Trank abgebildet. **Geladene** sind Abrahams Same, hier namentlich die Vornehmen des Volkes. **Seinen Knecht:** — Der himmlische Vater sendet Seinen Sohn und diese Sendung ist die Stunde des Abendmahls, da alles bereit ist. Der Herr Jesus sendet andere Knechte. **Alle entschuldigen sich,** d. h. im Verhältnis zu den vielen Geladenen; nicht im absoluten, sondern im populären Sinn. Und ihre **Gründe?** Der erste: einen **Acker gekauft** — Sorgen der Nahrung. Der andere: **Fünf Joch Ochsen** — Sorgen des Reichtums; denn da müssen viele Aecker, Gebäude 2c. sein, wo Unterhalt für fünf Joch Ochsen auf einmal ist. Der dritte: **Weib genommen** — Fleischeslust, welche das irdische Wohlleben dem himmlischen Mahle vorzieht. — Es sind auch **Grade der Verachtung** zu unterscheiden. Der erste schützt das **Muß** vor, die Notwendigkeit. Der zweite sagt, **ich gehe;** er ist sein eigener Herr und es gefällt ihm jetzt, die Einladung auszuschlagen und seine Ochsen zu besehen. Beide halten es zwar noch für der Mühe wert, (Anstandes halber) hinzuzusetzen: „Ich bitte dich, entschuldige mich!" Allein der dritte läßt dieses weg, das auch bei den andern am Ende nur leere Redensart ist und sagt ziemlich kurz: „Ich habe ein Weib genommen, darum kann ich nicht kommen." Der Knecht hat kein Recht, zu entschuldigen: er sagt's dem Herrn. — **Zornig,** nicht leidenschaftlich, sondern aus Liebe. **Straßen:** Die Verachteten in Israel, Zöllner und Sünder, die ihre geistliche Armut, Gebrechen, Lahmsein und Blindheit erkennen. **Noch Raum:** Das Mahl ist zwar zunächst für Abrahams Same nach dem Fleisch, aber auch für alle Geschlechter der Erde. **Gehe aus auf** 2c.: „Gehet hin in alle Welt und prediget 2c." **Nötigt:** Ueberzeugt sie, treibt sie zur Annahme der Einladung durch die Kraft der Wahrheit. **Keiner ... schmecken:** Die beharrliche Verachtung der Gnade Gottes hat zur Folge die Entziehung dieser Gnade und die Verstockung.

---

10. Vom verlornen Schaf.
Luk. 15, 1—7.

Es naheten aber zu Jesu allerlei Zöllner und Sünder, daß sie Ihn hörten. Und die Pharisäer und Schriftgelehrten murreten und sprachen: **Dieser nimmt die Sünder an** und ißt mit ihnen. Er sagte ihnen aber dieses Gleichnis und sprach: Welcher Mensch ist unter euch, der **hundert Schafe** hat, und so er **eines** verliert, der nicht lasse die neunundneunzig in der Wüste und hingehe nach dem verlorenen, bis daß er's finde? Und wenn er's gefunden hat, so leget er es auf seine Achseln mit Freuden. Und wenn er heim kommt, ruft er seine Freunde und Nachbarn und spricht zu ihnen: Freuet euch mit mir; denn ich habe mein Schaf gefunden, das verloren war. Ich sage euch: Also wird auch Freude im Himmel sein über **einen Sünder,** der Buße thut, vor neunundneunzig Gerechten, die der Buße nicht bedürfen.

Vom verlornen Schaf.

Sprüche: Jes. 53, 6: „Wir gingen alle in der Irre, wie Schafe." 1. Pet. 2, 25: „Ihr waret alle wie die irrenden Schafe ꝛc." Hes. 34, 5: „Meine Schafe sind zerstreut." V. 11 ff.: „Ich will Mich Meiner Herde selbst annehmen und sie suchen, wie ein Hirte seine Schafe sucht, wenn sie verirret sind." V. 16: „Ich will das Verlorene wieder suchen ꝛc." Luk. 19, 10: „Des Menschen Sohn ist gekommen zu suchen und selig zu machen, das verloren ist."

Katechismus: Zweiter Artikel: „Der mich verlornen und verdammten Menschen erlöset hat, erworben und gewonnen vom Tode und von der Gewalt des Teufels."

Lied: Aus E. Neumeisters „Jesus nimmt die Sünder an!"
„Wenn ein Schaf verloren ist,
Suchet es ein treuer Hirte;
Jesus, der uns nie vergißt,
Suchet treulich das verirrte,
Daß es nicht verderben kann;
Jesus nimmt die Sünder an."

Fragen: 1. Wer nahete zum Herrn Jesu? 2. Warum kamen sie? 3. Sahen alle gut dazu? 4. Wer murrete? 5. Was sprachen dieselben? 6. Womit antwortete ihnen der Herr? 7. Wen stellt Er in diesem Gleichnisse vor? 8. Wie viele Schafe hat der Mensch? 9. Was thut er, so er eines verliert? 10. Wem geht er nach? 11. Wie lange sucht er dasselbe? 12. Wie behandelt er das gefundene? 13. Wohin bringt er's? 14. Wen ruft er? 15. Wozu fordert er dieselben auf? 16. Warum sollen sie sich freuen? 17. Welche Anwendung macht der Herr? 18. Ueber wen wird Freude im Himmel sein?

Bemerkungen: Zöllner: Leute, die sich dazu hergaben, die Steuern für die Regierung der heidnischen Römer unter den Juden zu erheben. Waren sie darum schon verachtet, so machten sie sich bei den Juden noch mehr verhaßt, indem sie in der Regel mehr forderten, als gesetzt war und durch Betrug sich bedeutende Güter erwarben. — **Sünder:** Oeffentliche, notorische und grobe Sünder. — **Naheten sich:** Nicht Ihn zu fangen, sondern Ihn zu hören nach dem Wort: „Kommet her zu Mir alle ꝛc." — **Murreten:** Die Predigt von der Buße war ihnen ein Greuel und darum war es ihnen zuwider, wenn Leute ihrer Sündennot halber den Herrn Jesum aufsuchten. Dabei aber stellen sie Ihm, ohne es zu wollen, ein herrliches Sittenzeugnis aus: Er und Sünder passen nicht zusammen. — **Verlorenes Schaf:** In seiner Hilflosigkeit, seinem planlosen Umherirren, mit seinen es umgebenden Feinden, seinem sichern Verderben, dem es entgegeneilt, ein treffendes Bild des natürlichen Menschen. — **Auf Achseln:** Kein Schelten, Schlagen, sondern herzliches Begegnen. — **Heim:** Nicht in die Wüste, sondern in das Vaterhaus. — **Gerechte:** Manche fassen dies als von den Pharisäern geredet, die in ihrer Selbstgerechtigkeit der Buße nicht wähnen zu bedürfen, worüber gewiß keine Freude sein kann im Himmel. Luther faßt „Gerechte" in seinem wahren Sinne und sagt: So geschieht es in andern Sachen; das Verlorene macht allezeit größere Schmerzen und das Wiedergefundene erfreut viel mehr, als das nicht verloren ist. Eine Mutter, die viele Kinder hat und sie sonst alle liebt, liebt gerade das am meisten, das **krank** wird. Nicht daß sie darum die gesunden nicht auch lieb hätte. — So redet Christus auch.

---

11. Vom verlornen Groschen.
Luk. 15, 8—10

Welch **Weib** ist, die **zehn Groschen** hat, so sie der einen verliert, die nicht ein Licht anzünde und kehre das Haus und suche mit Fleiß, bis daß sie ihn finde? Und wenn sie ihn gefunden hat, ruft sie ihre

Freundinnen und Nachbarinnen und spricht: Freuet euch mit mir; denn ich habe meinen Groschen **gefunden**, den ich verloren hatte. Also auch, sage Ich euch, wird Freude sein vor den Engeln Gottes über **einen Sünder**, der Buße thut.

Sprüche: Joh. 6, 39: „Das ist der Wille des Vaters, daß Ich nichts verliere von allem, das Er Mir gegeben hat." Joh. 17, 12: „Die Du Mir gegeben hast, die habe Ich bewahret, und ist keiner von ihnen verloren, ohne das verlorne Kind." Matth. 7, 8: „Suchet, so werdet ihr finden." Joh 1, 5:

„Das Licht scheinet in die Finsternis." Pf. 119, 105: „Dein Wort ist meines Fußes Leuchte und ein Licht."

Katechismus: Dritter Artikel: „Ich glaube, daß ich nicht aus eigener Vernunft noch Kraft 2c., sondern der heilige Geist hat mich durchs Evangelium berufen, mit seinen Gaben erleuchtet."

Lied: Johann Heermann: „O Jesu Christe, wahres Licht."

Fragen: 1. Wem gleicht der Herr Seine suchende Liebe? 2. Was hat das Weib? 3. Was thut sie, so sie einen Groschen verliert? 4. Nenne die drei Stücke. 5. Wie lange sucht sie? 6. Wem teilt sie ihre Freude über den gefundenen Groschen mit? 7. Wozu fordert sie dieselben auf? 8. Vor wem wird auch solche Freude sein? 9. Ueber wen?

Bemerkungen: Weib: Der heilige Geist oder die Kirche, der Christus Seinen Geist mitgeteilt. —**Zehn:** Vorhin hundert Schafe, jetzt zehn Groschen; um so deutlicher tritt der verhältnismäßige Wert des Verlornen hervor. — **Licht:** Das Wort Gottes, das auf hohen Leuchter gestellt werden muß, um das Verlorene zu suchen. Es muß rein und lauter, warm und lebendig gepredigt werden. — **Kehre:** In jedem Haus sammelt sich Staub an. Durch denselben wird der Groschen bedeckt und das Finden erschwert. Darum heißt es: kehren, d. h. Zucht üben. Diese muß aber nicht am Groschen, sondern im Hause, an der Gemeinde selbst angefangen werden. — **Suche:** Sich bücken zum Boden, wo der Groschen liegt; demütigen. — **Fleiß:** Ernstlich, unabläſſig, aber auch mit rechter Weisheit. — **Freude vor Engeln:** Luther: „Die lieben Engel und himmlischen Geister haben ein Freudenfest und singen ein sonderlich Te Deum laudamus, wenn ein armer Sünder zurecht kommt und sich bekehrt. So nun ein Mensch sich freut über ein verlorenes Schaf, wenn er es wieder findet; und ein Weib sich freut über einen verlornen Groschen, den sie wieder findet; und die lieben Engel im Himmel über einen Sünder, der wieder umkehrt und Buße thut; warum straft und urteilt ihr Pharisäer und Schriftgelehrten denn Mich, will Christus sagen, daß Ich die Zöllner und Sünder annehme, die zu Mir nahen und Meine Predigt mit allem Fleiß und aller Herzensluſt hören."

---

12. Vom verlornen Sohn.
Luk. 15, 11—32.

1. Die Abkehr. Jesus sprach: Ein Mensch hatte **zwei Söhne**; und der jüngste unter ihnen sprach zum Vater: Gib mir, Vater, das Teil der Güter, das mir gehöret. Und er teilte ihnen das Gut. Und nicht lange danach sammelte der **jüngste Sohn** alles zusammen und zog ferne über Land; und daselbst brachte er sein Gut um mit Prassen. Da er nun alles das Seine verzehrt hatte, ward eine große Teurung durch dasselbige ganze Land, und er fing an zu darben, und ging hin und hängte sich an einen Bürger desselbigen Landes. Der schickte ihn auf seinen Acker, die Säue zu hüten. Und er begehrete seinen Bauch zu füllen mit Trübern, die die Säue aßen; und niemand gab sie ihm.

2. Die Einkehr. Da **schlug er in sich** und sprach: Wie viele Tagelöhner hat mein Vater, die Brot die Fülle haben, und ich ver-

Vom verlornen Sohn.

derbe vor Hunger? Ich will mich aufmachen und zu meinem Vater gehen und zu ihm sagen: Vater, ich habe gesündigt in den Himmel und vor dir, und bin hinfort nicht mehr wert, daß ich dein Sohn heiße; mache mich als einen deiner Tagelöhner. Und er machte sich auf zu seinem Vater.

3. Die Heimkehr. Und da er noch ferne von dannen war, sah ihn sein Vater, und jammerte ihn, lief und fiel um seinen Hals und küßte ihn. Der Sohn aber sprach zu ihm: **Vater, ich habe gesündigt** in den Himmel und vor dir; ich bin hinfort nicht mehr wert, daß ich dein Sohn heiße. Aber der Vater sprach zu seinen Knechten: Bringet das

beste Kleid hervor und thut es ihm an, und gebet ihm einen Fingerreif an seine Hand und Schuhe an seine Füße. Und bringet ein gemästetes Kalb her, schlachtet es und laßt uns essen und fröhlich sein, denn dieser, mein Sohn, war tot und ist wieder lebendig geworden; er war verloren und ist gefunden worden. Und fingen an fröhlich zu sein.

4. Der älteste Bruder. Aber der älteste Sohn war auf dem Felde, und als er nahe zum Hause kam, hörte er das Gesänge und den Reigen und rief zu sich der Knechte einen und fragte, was das wäre. Der aber sagte ihm: Dein Bruder ist gekommen, und dein Vater hat ein gemästetes Kalb geschlachtet, daß er ihn gesund wieder hat. Da ward er zornig und wollte nicht hinein gehen. Da ging sein Vater heraus und bat ihn. Er antwortete aber und sprach zum Vater: Siehe, so viele Jahre diene ich dir und habe dein Gebot noch nie übertreten; und du hast mir nie einen Bock gegeben, daß ich mit meinen Freunden fröhlich wäre. Er aber sprach zu ihm: Mein Sohn, du bist allzeit bei mir, und alles, was mein ist, das ist dein. Du solltest aber fröhlich sein; denn dieser, dein Bruder, war

Vater ich habe gesündigt im Himmel und vor dir.

tot und ist wieder **lebendig** geworden; er war **verloren** und ist wieder **gefunden.**

Sprüche: Jer. 3, 12: „Kehre wieder, du abtrünnige Israel: so will Ich Mein Antlitz nicht gegen euch verstellen." V. 13. „Erkenne deine Missethat, daß du wider den Herrn, deinen Gott gesündigt hast." Ps. 51. 5: „Ich erkenne meine Missethat." V. 15: „Verwirf mich nicht von Deinem Angesicht." 1. Joh. 1, 9: „So wir unsre Sünden bekennen, so ist Er treu und gerecht, daß Er uns die Sünde vergibt," Röm. 9, 15 ff.: „Ihr habt einen kindlichen Geist empfangen, durch welchen wir rufen: Abba, lieber

Vom verlornen Sohn.

Vater! Derselbe Geist gibt Zeugnis unserm Geist, daß wir Gottes Kinder sind." Eph. 2, 5: „Da wir tot waren in Sünden, hat uns Gott samt Christo lebendig gemacht; denn aus Gnaden seid ihr selig geworden." Joh. 6, 33: „Wer zu Mir kommt, den will Ich nicht hinausstoßen."

Katechismus: Von der Beichte: „Die Beichte begreift zwei Stücke in sich 2c." „Vor Gott soll man aller Sünde sich schuldig geben 2c." „Da siehe deinen Stand an 2c."

Lied: Luther: „Aus tiefer Not schrei ich zu Dir 2c." Chr. Tietze: „Liebster Vater, ich Dein Kind 2c."

Fragen: 1. Was sprach der jüngste Sohn zu seinem Vater? 2. Was that der Vater? 3. Wohin zog dann der Sohn? 4. Was that er mit seinem Gut? 5. Warum fing er an zu darben? 6. Bei wem suchte er Hilfe?

7. Welche Beschäftigung fand er? 8. Wie groß war sein Hunger? 9. Gab man ihm die Träber? 10. Was that er in dieser Not? 11. Was fällt ihm dabei ein? 12. Welchen Entschluß faßt er? 13. Was will er zu seinem Vater sagen? 14. Führte er seinen Entschluß auch aus? 15. Was wird von seinem Vater erzählt? 16. Hat der Vater die Bitte des Sohnes gewährt, ihn als einen Tagelöhner anzunehmen? 17. Zählet die einzelnen Stücke auf in der Anrede des Vaters an seine Knechte! 18. Was wird uns aber von dem ältesten Sohn berichtet, als er erfahren hatte, was das Gesänge 2c. sei? 19. Was wollte er nicht? 20. Was that sein Vater? 21. Was entgegnete ihm aber derselbe? 22. Was erwiderte der Vater darauf?

Bemerkungen: Dies Gleichnis ist eine weitere und umgehendere Antwort auf das **Murren** der Pharisäer und Schriftgelehrten. Die Zöllner und Sünder sind unter dem **jüngeren Sohn** dargestellt, unter dem **älteren** die Pharisäer und Schriftgelehrten. In ihrem selbstgerechten Wesen meinen sie, Gottes **Gebot noch nie übertreten** zu haben. Sie werden gebeten einzutreten; sie wollen aber nicht hinein. Sie stehen vor dem Hause und hören den Freudengesang; aber Anteil an der Freude haben sie keinen. Weil sie in ihrem selbstgerechten Sinne sich für besser halten, den verlornen Bruder verachten über die Gnade des Vaters murren und ihm darüber Vorwürfe machen, sind sie eigentlich die Verlornen. Der Vater sieht **ihn zuvor**, eilt ihm entgegen und thut an dem Verlornen über Bitten und Verstehen. — Durch die **heilige Taufe** sind wir alle Kinder dieses Vaters geworden, der uns jederzeit annimmt, wie den verlornen Sohn im Gleichnis.

---

13. Der ungerechte Haushalter.
Luk. 16, 1—9.

Es war ein reicher Mann, der hatte einen Haushalter; der ward vor ihm berüchtiget, als hätte er ihm seine Güter umgebracht. Und er forderte ihn, und sprach zu ihm: Wie höre ich das von dir? **Thue**

Rechnung von deinem Haushalten; denn du kannst hinfort nicht mehr Haushalter sein. Der Haushalter sprach bei sich selbst: Was soll ich thun? Mein Herr nimmt das Amt von mir; graben mag ich nicht, so schäme ich mich zu betteln. Ich weiß wohl, was ich thun will, wenn ich nun von dem Amt gesetzt werde, daß sie mich in ihre Häuser nehmen. Und er rief zu sich alle Schuldner seines Herrn, und sprach zu dem **ersten:** Wie viel bist du meinem Herrn schuldig? Er sprach: Hundert Tonnen Oels. Und er sprach zu ihm: Nimm deinen Brief, setze dich, und schreib flugs funfzig. Darnach sprach er zu dem **anderen:** Du aber, wie viel bist du schuldig? Er sprach: Hundert Malter Weizen. Und er sprach zu ihm: Nimm deinen Brief und schreib achtzig. Und der Herr lobte den ungerechten Haushalter, daß er klüglich gethan hätte. Denn die Kinder dieser Welt sind klüger, denn die Kinder des Lichts in ihrem Geschlecht. Und Ich sage euch auch: Macht euch **Freunde** mit dem ungerechten Mammon, auf daß, wenn ihr nun barbet, sie euch aufnehmen in die ewigen Hütten.

Der ungerechte Haushalter.

Sprüche: Matth. 10, 16: „Seid klug wie die Schlangen und ohne Falsch wie die Tauben." 1. Tim. 6, 17—19: „Den Reichen gebietet, daß sie Gutes thun, reich werden an guten Werken, gerne geben, behülflich sein, Schätze sammeln, ihnen selbst einen guten Grund auf's Zukünftige, daß sie ergreifen das ewige Leben." Matth. 6. 20: „Sammelt euch Schätze im Himmel." Matth. 19, 21: „Willst du vollkommen sein, so verkaufe was du hast und gib es den Armen, so wirst du einen Schatz im Himmel haben."

1. Theff. 5, 5: „Ihr seid allzumal Kinder des Lichts." Matth. 25, 40: „Was ihr gethan habt einem unter diesen Meinen geringsten Brüdern, das habt ihr Mir gethan." 1. Kor. 4, 2: „An den Haushaltern suchet man nicht mehr, denn daß sie treu erfunden werden." Luk. 12, 42: „Wie ein groß Ding ist es um einen treuen und klugen Haushalter."

Katechismus: Siebentes Gebot: „Du sollst nicht stehlen. Wir sollen Gott fürchten und lieben, daß wir unsres Nächsten Geld oder Gut nicht nehmen 2c." Sechste Bitte: „Und führe uns nicht in Versuchung."

Lied: „Verleih, daß ich mich redlich nähr und böser Ränke schäme 2c." Aus David Denicke's: „Herr, Deine Rechte 2c." „Die Werk' die kommen gwißlich her aus einem rechten Glauben 2c." Aus Paul Speratus': „Es ist das Heil uns 2c."

Fragen: 1. Was hatte der reiche Mann? 2. Wie war der vor ihm berüchtigt? 3. Was meint berüchtigt? (Zugetragen worden; zu Ohren gekommen 2c.) 4. Was verlangte der reiche Mann von seinem Haushalter? 5. Was stellte ihm derselbe noch dazu in Aussicht? 6. Was konnte der Haushalter nun thun, wenn er vom Amte käme? 7. Warum wollte er nicht graben (arbeiten)? 8. Warum nicht betteln? 9. Wie beschloß er sich aus der Verlegenheit zu helfen? 10. Wie viel ist der erste seinem Herrn schuldig? 11. Was sagte er diesem? 12. Wie viel ist der andere schuldig? 13. Was heißt er diesen thun? 14. Was lobte der Herr an dem ungerechten Haushalter? 15. Welche Anwendung macht der Herr am Schlusse?

Bemerkungen: Luther: „Der Herr vergleicht hier den Ungerechten dem Gerechten, daß, wie der Ungerechte klüglich handelt mit Ungerechtigkeit und Büberei, also sollen wir klüglich handeln mit Recht und Frömmigkeit. Also soll dies Gleichnis stehen und verstanden werden; denn der Herr sagt also: Die Kinder dieser Welt sind **klüger,** denn die Kinder des Lichts. Daß also die Kinder des Lichts Klugheit lernen von den Kindern der Finsternis oder der Welt; daß, gleichwie die klug sind auf ihrem Thun, also sollen die Kinder des Lichts auch klug sein auf ihrem Thun. Er schilt die Kinder des Lichts, als wollte er sagen: Die Buben und Schälke von dieser Welt thun es euch Christen weit zuvor in ihrem Geschlecht." — Der Haushalter ist nicht darin klug, daß er untreu ist; sondern darin, daß er in der Not, in welche er durch seine Untreue geraten war, seine verzweifelte Lage sich in ihrer Wirklichkeit vorstellt, schlau alles berechnet, einen Entschluß faßt und denselben auf der Stelle ausführt. — **Ungerechten Mammon,** wörtlich „Mammon der Ungerechtigkeit." Wie viel Ungerechtigkeit hängt nicht am Mammon! — **Darbet,** nicht nur wenn ihr Mangel leidet in diesem Leben, sondern: Wenn es mit euch ausgeht, wenn ihr sterbet. — Wie kann uns aber der ungerechte Mammon Aufnahme verschaffen **in die ewigen Hütten?** Das ist freilich allein durch Christi Verdienst möglich. Unser Glaube eignet sich dieses Verdienst zu und die Werke sind der Beweis des Glaubens: „Die Werke sind des Nächsten Knecht, dran wir den Glauben merken." Vergl. Matth. 25, 31—46. Luther: „Die Menschen werden Zeugen sein unsres Glaubens, der an ihnen bewiesen ist, um welches willen

Gott uns in die ewigen Hütten nimmt. Da wird einer kommen und rühmen: Herr, der hat mir einen Rock, einen Gulden, ein Stück Brot, einen Trunk Wasser in der Not gegeben. Ja, Er selbst, der Herr, wird herantreten und sagen vor Seinem himmlischen Vater, allen Engeln und Heiligen, was wir Ihm Gutes gethan haben."

14. Vom reichen Mann und armen Lazarus.
Luk. 16, 19—31.

1. Der Unterschied in diesem Leben. Es war ein reicher Mann, der kleidete sich mit Purpur und köstlicher Leinwand und lebte alle Tage herrlich und in Freuden. Es war aber ein Armer, mit

Namen Lazarus, der lag vor seiner Thür, voller Schwären, und begehrte sich zu sättigen von den Brosamen, die von des Reichen Tische fielen; doch kamen die Hunde und leckten ihm seine Schwären.

2. Der Unterschied in jener Welt. Es begab sich aber, daß der Arme starb und ward getragen von den Engeln in Abrahams Schoß. Der Reiche aber starb auch und ward begraben. Als er nun in der Hölle und in der Qual war, hob er seine Augen auf und sah

Abraham von ferne und Lazarum in seinem Schoß, rief und sprach: Vater Abraham, erbarme dich meiner und sende Lazarum, daß er das Aeußerste seines Fingers ins Wasser tauche und kühle meine Zunge; denn ich leide Pein in dieser Flamme. Abraham aber sprach: Gedenke, Sohn, daß du dein Gutes empfangen hast in deinem Leben, und Lazarus dagegen hat Böses empfangen, nun aber wird er getröstet und du wirst gepeinigt. Und über das alles ist zwischen uns und euch eine große Kluft befestigt, daß, die da wollten von hinnen hinabfahren zu euch, können nicht, und auch nicht von dannen zu uns herüberfahren.

3. Des Reichen Fürbitte. Da sprach er: So bitte ich dich, Vater, daß du ihn sendest in meines Vaters Haus; denn ich habe noch fünf Brüder, daß er ihnen bezeuge, auf daß sie nicht auch kommen an diesen Ort der Qual. Abraham sprach: **Sie haben Mose und die Propheten, laß sie dieselben hören.** Er aber sprach: Nein, Vater Abraham; sondern wenn einer von den Toten zu ihnen ginge, so würden sie Buße thun. Abraham sprach zu ihm: Hören sie Mose und die Propheten nicht, so werden sie auch nicht glauben, ob jemand von den Toten auferstände.

Sprüche: Matth. 6, 33: „Trachtet am ersten nach dem Reich Gottes" 2c. Pf. 90, 12: „Lehre uns bedenken, daß wir sterben müssen, auf daß wir klug werden." Heb. 13, 16: „Wohlzuthun und mitzuteilen vergesset nicht, denn solche Opfer gefallen Gott wohl." Matth. 19, 24: „Es ist leichter, daß ein Kamel durch ein Nadelöhr gehe; denn daß ein Reicher ins Reich Gottes komme." Matth. 5, 3: „Selig sind, die da geistlich arm sind; denn das Himmelreich ist ihr." Phil. 2, 12: „Schaffet, daß ihr selig werdet mit Furcht und Zittern." 2. Pet. 1, 19: „Wir haben ein festes, prophetisches Wort, und ihr thut wohl, daß ihr darauf achtet." Matth. 25, 46: „Und sie werden in die ewige Pein gehen" 2c. Jes. 66, 24: „Ihr Wurm wird nicht sterben und ihr Feuer wird nicht verlöschen."

Katechismus: Drittes Gebot: „Daß wir die Predigt und Sein Wort nicht verachten" 2c. Dritter Artikel: „Mir und allen Gläubigen in Christo ein ewiges Leben geben wird."

Lied: J. Heermann: „Selig sind die geistlich Armen, — Die betrübt und traurig geh'n" 2c. P. Gerhardt: „Wohl dem Menschen, der nicht wandelt — In gottloser Leute Rat" 2c. L. A. Gottert: „Schaffet, schaffet,

Menschenkinder, — Schaffet eure Seligkeit." J. Rist: „O Ewigkeit, du Donnerwort."

Fragen: 1. Wie kleidete sich der reiche Mann? 2. Wie lebte derselbe? 3. Wer lag vor seiner Thür? 4. Was begehrte der Arme? 5. Wohin kam der Arme nach seinem Tode? 6. Wohin der Reiche? 7. Wen erblickte er von ferne? 8. Wie rief er? 9. Warum erfüllte Abraham diesen Wunsch nicht? 10. Was führt er als weiteres Hindernis auf? 11. Wie bittet der Reiche weiter? 12. Was entgegnet ihm Abraham darauf? 13. Welche Hoffnung verspricht sich der Reiche von einer solchen Erscheinung? 14. Was antwortete ihm Abraham darauf?

Bemerkungen: Alle Tage: das war des Mannes geistliches Verderben. Der Reiche ist ein rechtschaffener Mann, dem nicht nachgesagt wird, daß er ein Betrüger, Schlemmer, notorischer Ungläubiger oder Spötter gewesen sei; ein rechter Lebemann, der zwar fürs Wort Gottes weder Zeit noch Lust hat, aber in der Welt Augen als ein „feiner Mann" gilt. Im Geschäftsleben und in den Kreisen der vornehmen Gesellschaft hat sein Name einen guten Klang; im Evangelium hat der Reiche nicht einmal einen Namen. **In der Hölle:** So wenig als Lazarus in den Himmel kam, bloß weil er arm war, so wenig kam der Reiche seines Reichtums, seiner Kleidung u. s. w. halber in die Hölle; sondern vielmehr darum, weil er sich um sein Seelenheil nicht kümmerte und den Gnadenmitteln gegenüber eine Stellung vornehmer Verachtung einnahm. Welcher Wechsel nach allen Seiten. **Dein Gutes:** das, was du für das Beste hieltest, hast du empfangen. Du wolltest dein Himmelreich auf Erden haben, Geld und Gut war deine Seligkeit, köstliche Kleider und herrlich Leben dein Paradies; laß dir nun auch deine Gulden und Thaler, deinen Purpur und köstliche Leinwand, deine weltliche Lust und Freude helfen (Luther). **Große Kluft:** die Gnadenzeit ist mit dem Tode zu Ende; Buße ist jenseit des Grabes nicht mehr möglich; Unkraut und Weizen, faule und gute Fische sind auf ewig geschieden. **Sende Lazarus in meines Vaters Haus:** Wer Gottes Wort nicht glaubt, das das allergewisseste und kräftigste Bekehrungsmittel ist, das durch viel Zeichen und Wunder und durch Christi Auferstehung selbst erwiesen ist, der glaubt auch nicht, ob jemand von den Toten auferstände und ihm predigte. Die Pharisäer, welche Christi Predigt verachteten, wurden auch nicht gläubig, als Lazarus von den Toten auferstand (Joh. 11, 46. 2c. und 12, 10.). **Sie haben Mose:** Luther: Das heißt das Predigtamt hoch gepriesen und die Leute zur Predigt vermahnt; sintemal sonst kein ander Mittel ist, dadurch sie sich vor diesem schrecklichen Urteil der ewigen Verdammnis verwahren können.

38 Vom ungerechten Richter.

15. Vom ungerechten Richter und den zwei Freunden.
Luk. 18, 1—8. und 11, 5—9.

1. Vom ungerechten Richter. Christus sagte aber dem Volk ein Gleichnis davon, daß man allezeit beten und nicht laß werden sollte, und sprach: Es war ein Richter in einer Stadt, der fürchtete sich nicht vor Gott und scheuete sich vor keinem Menschen. Es war aber eine Witwe in derselben Stadt, die kam zu ihm und sprach: Rette

mich von meinem Widersacher. Und er wollte lange nicht. Danach dachte er bei sich selbst: Ob ich mich schon vor Gott nicht fürchte, noch vor keinem Menschen scheue; dieweil aber diese Witwe mir so viel Mühe macht, will ich sie erretten, auf daß sie nicht zuletzt komme und übertäube mich. Da sprach der Herr: Höret hier, was der ungerechte Richter sagt. Sollte aber Gott nicht auch retten Seine Auserwählten, die zu Ihm Tag und Nacht rufen, und sollte Geduld darüber haben? Ich sage euch: Er wird sie erretten in einer Kürze.

und den zwei Freunden.

2. Von den zwei Freunden. Wiederum sprach Jesus zu Seinen Jüngern: Welcher ist unter euch, der einen Freund hat, und ginge zu ihm zu Mitternacht, und spräche zu ihm: Lieber Freund, leihe mir drei Brote; denn es ist mein Freund zu mir gekommen von der Straße, und ich habe nicht, das ich ihm vorlege; und er darinnen würde antworten, und sprechen: Mache mir keine Unruhe; die Thür ist schon zugeschlossen, und meine Kindlein sind bei mir in der Kammer; ich kann nicht aufstehen und dir geben. Ich sage euch, und ob er nicht aufsteht, und gibt ihm, darum, daß er sein Freund ist; so wird er doch um seines unverschämten Geilens willen aufstehen, und ihm geben, wie viel er bedarf. Und ich sage euch auch: **Bittet, so wird euch gegeben; suchet, so werdet ihr finden; klopfet an, so wird euch aufgethan.**

Sprüche: 1. Thess. 5, 17: "Betet ohne Unterlaß." Eph. 6, 18: "Betet stets in allem Anliegen mit Bitten und Flehen im Geist." Jak. 5, 16: "Des Gerechten Gebet vermag viel, wenn es ernstlich ist." Ps. 145, 18. 19: "Der Herr ist nahe allen, die Ihn anrufen; allen, die Ihn mit Ernst anrufen. Er thut, was die Gottesfürchtigen begehren und höret ihr Schreien und hilft ihnen." Phil. 4, 6: "In allen Dingen lasset eure Bitte im Gebet und Flehen mit Danksagung vor Gott kund werden." Joh. 16, 23: "Wahrlich, wahrlich, Ich sage euch, so ihr den Vater etwas bitten werdet in Meinem Namen, so wird Er es euch geben."

Katechismus: Zweites Gebot: "Denselbigen in allen Nöten anrufen, beten, loben und danken." Vater=Unser, Eingang: "Gott will uns damit locken" ꝛc. Schluß: "Daß ich soll gewiß sein, solche Bitten sind dem Vater im Himmel angenehm und erhöret" ꝛc. Morgensegen. Abendsegen. Vor dem Essen; nach dem Essen.

Lied: B. Schmolcke: "Mein Gott, ich klopf' an Deine Pforte — Mit Seufzen, Fleh'n und Loben an." J. Neander: "Sieh' hier bin ich, Ehrenkönig." J. Heermann: "O Gott, Du frommer Gott."

Fragen: 1. Was will der Herr mit diesen Gleichnissen anzeigen? 2. Was sagt Er von dem Richter? 3. Wer kam zu dem Richter? 4. Welche Bitte legte sie vor denselben? 5. Wie verhielt sich der Richter dieser Bitte gegenüber? 6. Zu welchem Entschluß kam er endlich? 7. Warum wollte er der Witwe Bitte anhören? 8. Was sagt der Herr dazu? 9. Wie aber stellt sich Gott (der gerechte Richter) den Bitten Seiner Auserwählten gegenüber? 10. Womit vergleicht der Herr das Gebet der Seinen im zweiten

Stück? 11. Um was bittet er seinen Freund? 12. Und wann? 13. Warum bittet er um Brote? 14. Was wendet aber der Freund darinnen vor? 15. Warum möchte er ihm vielleicht nicht helfen? 16. Warum gewährt er ihm aber seine Bitte doch? 17. Welche ermunternde Lehre zieht der Herr Jesus daraus?

Bemerkungen: Dies sind sogenannte **kontrastierende Gleichnisse**, in denen der Herr eine Wahrheit durch den **Gegensatz** und dadurch nur um so schärfer ausdrückt: Will der ungerechte Richter die Bitte der Witwe auch nicht erfüllen, so wurde sein Zögern und Widerwillen endlich doch durch die „viele Mühe", welche ihm die Witwe durch ihr wiederholtes Kommen und anhaltendes Bitten machte, überwunden. Ob der Freund seinem Freunde auch nicht darum helfen wollte, weil er „sein Freund" ist, so gibt er ihm doch die Brote „um seines unverschämten Geilens willen," d. h. weil er ihm durch sein Rufen und Klopfen in der Mitternachtsstunde keine Ruhe läßt. Wie viel mehr, will der Herr Jesus sagen, wird euch euer himmlischer Vater hören, der ein gerechter Richter und euer treuester Freund und Vater ist, so ihr nur in eurem Gebet nicht laß werdet.

---

16. Der Pharisäer und der Zöllner.
Luk. 18, 9—14.

Christus sagte aber zu etlichen, die sich selbst vermaßen, daß sie fromm wären, und verachteten die andern, ein solches Gleichnis: Es gingen zwei Menschen hinauf in den Tempel, zu beten, einer ein Pharisäer, der andere ein Zöllner. Der Pharisäer stand und betete bei sich selbst also: Ich danke Dir Gott, daß ich nicht bin wie andere Leute, Räuber, Ungerechte, Ehebrecher, oder auch wie dieser Zöllner. Ich faste zweimal in der Woche und gebe den Zehnten von allem, das ich habe. Und der Zöllner stand von ferne, wollte auch seine Augen nicht aufheben gen Himmel, sondern schlug an seine Brust und sagte: Gott sei mir Sünder gnädig! Ich sage euch: Dieser ging hinab gerechtfertigt in sein Haus vor jenem. Denn wer sich selbst erhöht, der wird erniedrigt werden; und wer sich selbst erniedrigt, der wird erhöhet werden.

Sprüche: Phil. 2, 3: „Achtet euch unter einander einer den andern höher, denn sich selbst." Luk. 1, 51: „Er zerstreuet, die hoffärtig sind in ihres Herzens Sinn." 1. Pet. 5, 5: „Gott widerstehet den Hoffärtigen,

Der Pharisäer und der Zöllner.

aber den Demütigen gibt er Gnade." Spr. 28, 13: „Wer seine Missethat leugnet, dem wird es nicht gelingen; wer sie aber bekennet und lässet, der wird Barmherzigkeit erlangen." Ps. 6: „Ach Herr, strafe 2c."

Katechismus: Erstes Gebot: „Gott über alle Dinge fürchten, lieben und vertrauen" (gegen Vermessenheit). Dritter Artikel: „In welcher Christenheit Er mir und allen Gläubigen täglich alle Sünden reichlich vergibt."

Lied: Luther: „Aus tiefer Not schrei ich zu Dir 2c." Schneegaß: „Ach Herr, mich armen Sünder 2c."

Fragen: 1. Was für Leute waren die, zu denen der Herr dies Gleichnis sagte? 2. Wohin gingen diese zwei Menschen im Gleichnis? 3. Wozu? 4. Wer waren sie? 5. Wie betete der Pharisäer? 6. Wie wird des Zöllners Stellung beschrieben? 7. Wie betete dieser? 8. Was sagt Christus von dem Gebet der beiden? 9. Welcher ist „dieser"? 10. Welcher „jener"? 11. Warum fand der Pharisäer keine Vergebung seiner Sünden? 12. Welcher erhöhte sich selbst? 13. In welchen Worten bestand die Selbsterhöhung des Pharisäers? 14. Worin bestand die Selbsterniedrigung des Zöllners?

Bemerkungen: **Selbst vermessen**: Wo Hochmut ist, findet sich gewiß auch Verachtung der andern. Er reißt andere nieder, damit er selbst umso höher stehe. Die Demut hält den andern höher als sich selbst. — **Zu beten:** „Bewahre deinen Fuß, wenn du zum Hause Gottes gehest und komme, daß du hörest." Zum Hause Gottes geht man zu beten. Das vergessen viele. **Der Pharisäer betete** eigentlich nicht. Er nannte es beten und meinte er bete. Aber er betet um nichts, weder um Zuwendung des Guten noch um Abwendung des Bösen: er hat alles. Er bittet für niemand. Er verachtet die andern. Es ist kein Lobpreis; sondern ein Selbstlob. Es fehlt Erkenntnis der Sünde, Verlangen nach Gnade und darum erntet er Gottes Mißfallen. H. Müller umschreibt: „Ich bin, o Gott, der beste unter allen, hättest Du mich nicht, so hättest Du keinen Heiligen in der Welt; stürbe ich, so stürbe alle Frömmigkeit mit weg." — **Und der Zöllner** stand von ferne ꝛc.: Die Geberden des bußfertigen Zöllners beschreibt der Herr mit großer Umständlichkeit. Aus allem leuchtet heraus, daß bei ihm wirkliche Sündenerkenntnis im Herzen wohnt und ihn die Last der Schuld niederdrückt. Er bricht über sich den Stab. Keine schön gefaßten Sätze vermag er hervorzubringen; ein Paar Worte, ein Stoßseufzer ist alles. Aber alles ist darin enthalten.

17. Der Schalksknecht.
Matth. 18, 21—35.

1. Der barmherzige Herr. Petrus trat zu Christo und sprach: Herr, wie oft muß ich denn meinem Bruder, der an mir sündigt, vergeben? Ist es genug siebenmal? Jesus sprach zu ihm: Ich sage dir, nicht siebenmal, sondern siebzigmal siebenmal. Darum ist das Himmelreich gleich einem Könige, der mit seinen Knechten rechnen wollte. Und als er anfing zu rechnen, kam ihm einer vor, der war ihm zehntausend Pfund schuldig. Da er es nun nicht hatte zu bezahlen, hieß der Herr verkaufen ihn und sein Weib und seine Kinder und alles, was er hatte, und bezahlen. Da fiel der Knecht nieder und betete ihn an und sprach: Herr, habe Geduld mit mir, ich will dir alles bezahlen. Da jammerte den Herrn desselbigen Knechtes und ließ ihn los, und die Schuld erließ er ihm auch.

2. Der unbarmherzige Knecht. Da ging derselbige Knecht hinaus und fand einen seiner Mitknechte, der war ihm hundert Groschen schuldig; und er griff ihn an und würgte ihn und sprach: Bezahle mir, was du mir schuldig bist! Da fiel sein Mitknecht nieder und bat ihn und sprach: Habe Geduld mit mir, ich will dir alles bezahlen! Er wollte aber nicht; sondern ging hin und warf ihn ins Gefängnis, bis daß er bezahlte, was er schuldig war. Da aber seine Mitknechte solches sahen, wurden sie sehr betrübt und kamen und brachten vor ihren Herrn alles, was sich begeben hatte.

3. Das Gericht. Da forderte ihn sein Herr vor sich und sprach zu ihm: Du Schalksknecht, alle diese Schuld habe ich dir erlassen, dieweil du mich batest. Solltest du denn dich nicht auch erbarmen über deinen Mitknecht, wie ich mich über dich erbarmet habe? Und

sein Herr ward zornig und überantwortete ihn den Peinigern, bis daß er bezahlte alles, was er ihm schuldig war. Also wird euch Mein himmlischer Vater auch thun, so ihr nicht vergebet von euren Herzen, ein jeglicher seinem Bruder seine Fehler.

Sprüche: Esra 9, 6: „Unsre Missethat ist über unser Haupt gewachsen und unsre Schuld ist groß bis in den Himmel." Pf. 19, 13: „Wer kann merken, wie oft er fehlet." Pf. 143, 2: „Herr, gehe nicht ins Gericht mit Deinem Knechte; denn vor Dir ist kein Lebendiger gerecht." Pf. 103, 8— 13: „Barmherzig und gnädig ist der Herr 2c. Er handelt nicht mit uns nach unsern Sünden und vergilt uns nicht nach unsrer Missethat" 2c. Röm. 3, 23. 24: „Sie sind allzumal Sünder ... und werden ohne Ver=

dienst gerecht aus Seiner Gnade." Sprw. 12, 10: „Das Herz der Gottlosen ist unbarmherzig." Matth. 6, 15: „So ihr den Menschen ihre Fehler nicht vergebet, so wird euch euer Vater eure Fehler auch nicht vergeben." Jak. 2, 13: „Es wird ein unbarmherzig Gericht über den gehen, der nicht Barmherzigkeit gethan hat."

Katechismus: Fünfte Bitte: „Und vergib uns unsre Schuld, als wir vergeben unsern Schuldigern. Wir bitten in diesem Gebet, daß der Vater im Himmel nicht ansehen wolle unsere Sünde" 2c.

Lied: L. Laurentii: „O himmlische Barmherzigkeit — Die Jesus uns anpreiset." Chr. F. Gellert: „So jemand spricht: ich liebe Gott, — Und haßt doch seine Brüder."

Fragen: 1. Welche Frage richtete Petrus an Christum? 2. Was antwortet der Herr? 3. Wodurch führt er dieses weiter aus? 4. Wem gleicht er das Himmelreich? 5. Was wollte der König? 6. Wie viel war

ihm ein Knecht schuldig? 7. Wie stand's mit der Bezahlung? 8. Was befahl deshalb der König? 9. Was that der Knecht? 10. Bestand der Herr nun auf die Ausführung seines Befehls? 11. Was that er vielmehr? 12. Wen fand der Knecht im Hinausgehen? 13. Wie viel war ihm dieser schuldig? 14. Wie verfuhr er mit ihm? 15. Was that sein Mitknecht? 16. Bewegte ihn diese Bitte? 17. Wie behandelte er ihn? 18. Was erzählt aber der Herr von den Mitknechten? 19. Was geschah darauf? 20. Wie redete der König den Knecht an? 21. Wie erging es demselben? 22. Welche Lehre zieht der Herr Jesus daraus?

Bemerkungen: **Pfund** = Talent. Ein jüdisches Talent wog nach einigen 94, nach andern von 114—125 Pfund unsres Gewichts. 3000 Sekel machten ein Pfund. Ein Silbertalent ist dem jetzigen Silberwert nach gleich $1505 bis $1916 unsres Geldes. Der Wert eines Sekels beträgt nach gewöhnlicher Rechnung 50 Cents und einen kleinen Bruchteil. Zehntausend Pfund repräsentierten demnach nach dem jetzigen Silberwert die ungeheure Summe von $15—20,000,000. Ein Talent Gold hatte den siebenzehnfachen Wert eines Talentes Silber. **Groschen** = etwa 14 Cents; 100 Groschen = $14.00. Das Verhältnis der Schuld der beiden Knechte ist wie 1 Thaler zu mehr als einer Million. Was ist die Schuld, in welche ein Bruder bei dem andern geraten kann, gegen die Schuld, in der wir alle Gott gegenüber stecken? **Mitknechte brachten:** (Luther) Gleichwie frommer Leute Fürbitte nicht vergebens noch umsonst ist; so ist der gemeine Fluch, das gemeine Klagen über die Bösen auch nicht umsonst, der Herr wird durch der andern

Christen Klagen und Seufzen gedrungen, daß Er zur Strafe eilen muß. **Schalksknecht:** Durch und durch böser und boshafter Mensch. **Bis bezahlte:** Da das Bezahlen der 10,000 Pfunde nie eintritt — denn mit was sollte der Knecht sie (im Gefängnis) abverdienen? — so wird er auch nie aus dem Schuldturm herauskommen.

18. Die Arbeiter im Weinberg.
Matth. 20, 1—16.

1. Die Berufung. Das Himmelreich ist gleich einem Hausvater, der am Morgen ausging, Arbeiter zu mieten in seinen Weinberg. Und da er mit den Arbeitern eins ward um einen Groschen zum Tagelohn, sandte er sie in seinen Weinberg. Und ging aus um die dritte Stunde; und sah andere an dem Markte müßig stehen und sprach zu ihnen: Gehet ihr auch hin in den Weinberg, ich will euch geben, was recht ist. Und sie gingen hin. Abermal ging er aus um die sechste und neunte Stunde und that gleich also. Um die elfte  Stunde aber ging er aus und fand andere müßig stehen und sprach zu ihnen: Was steht ihr hier den ganzen Tag müßig? Sie sprachen zu ihm: Es hat uns niemand gedinget. Er sprach zu ihnen: Gehet ihr auch hin in den Weinberg; und was recht sein wird, soll euch werden. Da es nun Abend ward, sprach der Herr des Weinbergs zu seinem Schaffner: Rufe die Arbeiter und gieb ihnen den Lohn; und hebe an an den letzten bis zu den ersten.

2. Die Erwählung. Da kamen, die um die elfte Stunde gedingt waren, und empfing ein jeglicher seinen Groschen. Da aber die ersten kamen, meinten sie, sie würden mehr empfangen; und sie empfingen auch ein jeglicher seinen Groschen. Da sie den empfangen, murreten sie wider den Hausvater und sprachen: Diese letzten haben nur eine Stunde gearbeitet, und du hast sie uns gleich gemacht, die wir des Tages Last und Hitze getragen haben. Er ant=

wortete aber und sagte zu einem unter ihnen: Mein Freund, ich thue dir nicht unrecht. Bist du nicht mit mir eins geworden um einen Groschen? Nimm, was dein ist, und gehe hin. Ich will aber diesen letzten geben, gleich wie dir. Oder habe ich nicht Macht zu thun, was ich will mit dem Meinen? Siehest du darum scheel, daß ich so gütig bin? Also werden die Letzten die Ersten und die Ersten die Letzten sein. Denn viele sind berufen, aber wenige sind auserwählet.

Sprüche: Joh. 6, 44: „Es kann niemand zu Mir kommen, es sei denn, daß ihn ziehe der Vater, der Mich gesandt hat." 1. Cor. 3, 9: „Wir sind Gottes Mitarbeiter; ihr seid Gottes Ackerwerk." Luk. 17, 10: „Wenn ihr alles gethan habt, was euch befohlen ist, so sprechet: Wir sind unnütze Knechte; wir haben gethan, was wir zu thun schuldig waren." Röm. 9, 12: „Nicht aus Verdienst der Werke sondern aus Gnaden des Berufers." Jer. 5. 3: „Herr, Deine Augen sehen nach dem Glauben." Eph. 2, 8. 9: „Aus Gnaden seid ihr selig geworden durch den Glauben; und dasselbige nicht aus euch; Gottes Gabe ist es; nicht aus den Werken, auf daß sich nicht jemand rühme." 2. Pet. 1. 10: „Thut desto mehr Fleiß, euren Beruf und Erwählung fest zu machen."

Katechismus: Erster Artikel: „Das alles aus lauter väterlicher, göttlicher Güte und Barmherzigkeit, ohne alle mein Verdienst und Würdigkeit; des alles ich Ihm zu danken und zu loben und dafür zu dienen ꝛc."

Lied: C. L. Scheit: „Aus Gnaden soll ich selig werden ꝛc." „Und würd' ich durch des Herrn Verdienst auch noch so treu an Seinem Dienst."

Die Arbeiter im Weinberg.

Aus Zinzendorfs: „Christi Blut." „Darum auf Gott will hoffen ich, auf mein Verdienst nicht bauen." Aus Luthers: „Aus tiefer Not ic."

Fragen: 1. Wem gleichet der Herr das Himmelreich? 2. Was thut der Hausvater? 3. Worüber wird er mit den Arbeitern eins? 4. Zu welchen Stunden geht er aus? 5. Welchen verspricht er einen Groschen? 6. Was sagt er zu denen, die um die dritte Stunde gedinget sind? 7. Sind sie damit zufrieden? 8. Was sagt er zu denen, die er um die elfte Stunde müßig findet? 9. Was antworten dieselben? 10. Was verspricht er ihnen? 11. Was thut der Herr am Abend? 12. Welchen Auftrag gibt er dem Schaffner? 13. Was soll er den Arbeitern geben? 14. Mit welchen soll er beginnen? 15. Welche kommen zuerst? 16. Was empfangen diese? 17. Was meinen die ersten? 18. Aber was empfangen sie? 19. Wie verhalten sie sich beim Empfang des Groschen? 20. Was geben sie als Grund ihres Murrens an? 21. Wie widerlegt der Hausvater diesen Einwand? 22. Führe die einzelnen Punkte in der Antwort des Hausvaters an die Unzufriedenen auf. 23. Welche Lehre zieht der Herr Jesus aus diesem Gleichnis? 24. Wer sind die Letzten? 25. Wer die Ersten? 26. Wie wurden die Ersten die Letzten? 27. Sind alle Berufene auch Auserwählte? 28. Waren alle diese Arbeiter Berufene? 29. Welche derselben gehören nicht zu den Auserwählten?

Bemerkungen: Weinberg: Die Kirche, so öfters im Alten Testament Pf. 80, 9. Hohel. 2, 15. Kap. 6. 7. und 8. Jef. 3. 5. 27. Jer. 2. 12. Hef. 17. 19. — **Arbeiter:** Zunächst die Diener am Wort. — **Stunden:** Am Morgen, um 6 Uhr; um die dritte Stunde, nach unsrer Rechnung 9 Uhr vormittags; um die elfte Stunde, um 5 Uhr abends, oder eine Stunde vor Feierabend. — **Groschen:** Nicht die Seligkeit, wie viele wollen, denn der Herr ruft den Seligen nicht zu: „Gehe hin!" sondern „Komm her;" auch rühmen die Seligen nicht ihr Werk, sehen scheel auf andere und wollen sich nicht mit dem begnügen, was ihnen gegeben wird (Vergl. Matth. 25, 37—41); auch wird die Seligkeit nicht verdient durch unsere Arbeit, wie hier der Groschen, sondern sie ist ein freies Gnadengeschenk Gottes durch Christi Verdienst. Unser Gleichnis will im Zusammenhang mit dem Vorhergehenden verstanden sein, Matth. 19, 27 ff., da Petrus die Frage stellt: Was wird uns dafür? Der Herr antwortet V. 29, daß sie einen doppelten Gnadenlohn empfangen werden, einen in diesem, den andern im ewigen Leben. Unser Gleichnis zeigt 1. daß zwar und wie alle Arbeiter den ersten, nämlich den Groschen: „Acker, Vieh, Geld, Gut" und wie es im ersten Artikel weiter heißt, empfangen, dazu noch alle die geistlichen Güter, welche allen Arbeitern im Weinberg angeboten werden (im zweiten Artikel); 2. daß aber und wie man zwar den Groschen bekommen und doch des andern Gnadenlohnes, des ewigen Lebens, verlustig gehen könne. Wenn aber der Herr zeigt, daß die, welche am längsten gearbeitet haben, hintangestellt und die anderen vorgezogen werden, so will er damit der Trägheit nicht das Wort reden, sondern auf die Gefahr aufmerksam machen, welche den ersteren durch Lohnsucht, Selbstüberhebung, Neid u. s. w. droht. Nicht alle **Ersten werden Letzte**. Die Apostel und Propheten sind rechte Erste geblieben. (1. Kor. 15, 10) Nur solche Erste, wie im Gleichnis ausgeführt und wie Petrus zu werden in Gefahr war (Matth. 19, 27), werden Letzte. Ebensowenig werden alle Letzten Erste. Nur solche Letzte, die sich in all ihrem Thun auf die Gnade Gottes verlassen, werden Erste. — **Viele berufen:** (Luther) Die Predigt des Evangeliums gehet insgemein und öffentlich; wer es nur hören und anwenden will. Aber wie geht's? Wie im Gleichnis: Wenige sind erwählet. Das heißt: Wenige halten sich also an das Evangelium, daß Gott ein Wohlgefallen an ihnen hat; denn etliche hören's und achten's nicht; etliche hören's und halten nicht fest daran, wollen auch nichts darüber zusetzen und leiden. Etliche hören's, nehmen sich aber mehr um Geld und Gut und weltliche Wollust an. Das gefällt aber Gott nicht und mag solcher Leute nicht. Das heißt Christus nicht „auserwählt sein", d. h. sich nicht so halten, daß Gott ein Wohlgefallen an ihnen hatte. Das aber sind Auserwählte und Gott wohlgefällige Leute, die das Evangelium gerne hören, an Christum glauben, den Glauben mit guten Früchten beweisen und darüber leiden, was sie sollen leiden.

19. Von den anvertrauten Pfunden.
Luk. 19, 11—28.

1. Die Austeilung. Da sie nun Jesu (im Hause des Zachäus) zuhöreten, sagte Er weiter ein Gleichnis, darum, daß Er nahe bei Jerusalem war, und sie meineten, das Reich Gottes sollte alsobald geoffenbaret werden; und sprach: Ein Edler zog fern in ein Land, daß er ein Reich einnähme, und dann wiederkäme. Dieser forderte zehn seiner Knechte, und gab ihnen zehn Pfund, und sprach zu ihnen: Handelt, bis daß ich wiederkomme. Seine Bürger aber waren ihm feind, und schickten Botschaft nach ihm, und ließen ihm sagen: Wir wollen nicht, daß dieser über uns herrsche. Und es begab sich, da er wiederkam, nachdem er das Reich eingenommen hatte; hieß er dieselbigen Knechte fordern, welchen er das Geld gegeben hatte, daß er wüßte, was ein jeglicher gehandelt hätte.

2. Die Abrechnung. Da trat herzu der erste und sprach: Herr, dein Pfund hat zehn Pfund erworben. Und er sprach zu ihm: Ei, du frommer Knecht, dieweil du bist im Geringsten treu gewesen, sollst du Macht haben über zehn Städte. Der andere kam auch, und sprach: Herr, dein Pfund hat fünf Pfund getragen. Zu dem sprach er auch: Und du sollst sein über fünf Städte. Und der dritte kam, und sprach: Herr, siehe da, hier ist dein Pfund, welches ich habe im Schweißtuch be=

halten; ich fürchtete mich vor dir; denn du bist ein harter Mann: du nimmst, das du nicht geleget hast, und erntest, das du nicht gesäet hast. Er sprach zu ihm: Aus deinem Munde richte ich dich, du Schalk. Wußtest du, daß ich ein harter Mann bin, nehme, das ich nicht gelegt habe, und ernte, das ich nicht gesäet habe; warum hast du denn mein Geld nicht in die Wechselbank gegeben? Und wenn ich gekommen wäre, hätte ich es mit Wucher erfordert. Und er sprach zu denen, die dabei standen: Nehmt das Pfund von ihm und gebt es dem, der zehn Pfund hat. Und sie sprachen zu ihm: Herr, hat er doch zehn Pfund. Ich sage euch aber: Wer da hat, dem wird gegeben werden; von dem aber, der nicht hat, wird auch das genommen werden, das er hat. Doch jene, meine Feinde, die nicht wollten, daß ich über sie herrschen sollte, bringet her, und erwürget sie vor mir! Und als Er solches sagte, zog Er fort, und reisete hinauf gen Jerusalem.

Sprüche: Joh. 1, 11: „Er kam in sein Eigentum; aber die Seinen nahmen Ihn nicht auf." Luk. 17, 20: „Das Reich Gottes kommt nicht mit äußerlichen Geberden." Tit. 2, 10: „Knechte sollen alle gute Treue erzeigen." Matth. 12, 37: „Aus deinen Worten wirst du gerechtfertigt werden, und aus deinen Worten wirst du verdammet werden." 1. Kor, 15, 25: „Er muß herrschen, bis Er alle Seine Feinde zum Schemel Seiner Füße lege." Heb. 10, 27: „Die mutwillig sündigen haben ein schrecklich Warten des Gerichts und Feuereifers, der die Widerwärtigen verzehren wird."

Katechismus: Viertes Gebot: „Herren nicht verachten noch erzürnen, sondern sie in Ehren halten, ihnen dienen, gehorchen, sie lieb und wert haben."

Lied: Hiller: „Jesus Christus herrscht als König." Prätorius: „Sei getreu bis an das Ende." Münter: „Die Feinde Deines Kreuzes drohn."

Fragen: 1. Was meinten die Leute, zu denen der Herr dieses Gleichnis redet? 2. Wohin zog der Edle? 3. Weshalb? 4. Was that er vor seinem Wegzug? 5. Wie viele Pfunde gab er einem jeden Knecht? 6. Wie verteilte der Edle also die zehn Pfunde unter die zehn Knechte? 7. Was befiehlt er den Knechten? 8. Wie waren seine Bürger gegen ihn gesinnt? 9. Was ließen sie ihm sagen? 10. Wen ließ er nach seiner Wiederkunft fordern? 11. Weshalb? 12. Was hatte der erste mit seinem Pfund erworben? 13. Wie belohnt ihn sein Herr? 14. Wie viel hatte des zweiten Pfund getragen? 15. Was erhält dieser als Belohnung? 16. Was sprach der dritte? 17. Was bringt er zur Entschuldigung vor? 18. Wie antwortete ihm der Herr? 19. Was sollte er wenigstens gethan haben? 20. Was wird mit dem Pfund des dritten gethan? 21. Warum will der Herr, daß es dem ersten gegeben werde? 22. Was befiehlt er hinsichtlich seiner feindlichen Bürger?

Bemerkungen: Zwei Stücke enthält dieses Gleichnis: Einmal die Prüfung der Knechte und dann das Gericht über die feindlich gesinnten Unterthanen. — Pfund: Nicht wie im Gleichnis vom Schalksknecht ein Talent, sondern eine Mina. Die hebräische Mina enthielt 100 Sekel, war also etwa gleich $50. Ein jeder Knecht erhält ein Pfund. — **Reich einnehmen:** Der Edle ist niemand anders, als des Vaters eingeborner Sohn, welcher hingeht nach Jerusalem in den Tod, um durch Sein Sterben und Auferstehen des Teufels Reich einzunehmen (Luk. 11, 22; Kol. 2, 15; 1. Kor. 15, 55—57) und zu zerstören. Er nimmt dieses Reich auch wirklich ein. **Kommt wieder:** zum Gericht. Dasselbe beginnt am Hause Gottes (1. Pet. 4, 17), an den eigenen Knechten; die treuen werden nach ihrem Fleiß belohnt und zwar der erste überschwänglich; die faulen dagegen bestraft und ihnen dazu noch genommen, das sie haben. — **Schweißtuch:** Er hat das Pfund nicht veruntreut, sondern hat dasselbe wiederum seinem Herrn gebracht, ohne daß etwas daran gefehlt hätte. Aber er hätte damit gewinnen sollen und diese Unterlassungssünde, Pflichtversäumnis, von wegen allerlei Rücksichten und Berechnungen versäumen, ernstlich für das Wahre und Rechte einzutreten, wird bestraft. **Erwürget sie:** Petrus ruft in der oben angeführten Stelle: „So aber zuerst an uns; was will es für ein Ende werden mit denen, die dem Evangelium Gottes nicht glauben!" Dem starken, eifrigen Gott wird keiner Seiner Feinde entrinnen. Nicht einer findet mehr Gnade. Und da der Herr sie am Anfange (V. 14) Bürger nennt, so hat Er zunächst die ungläubigen Juden im Auge.

20. Von den anvertrauten Zentnern.
Matth. 25, 14—30.

1. Die anvertrauten Zentner. Ein Mensch, der über Land zog, rief seine Knechte und that ihnen seine Güter ein. Und einem gab er fünf Zentner, dem andern zween, dem dritten einen, einem jeden nach seinem Vermögen, und zog bald hinweg. Da ging der hin, der fünf Zentner empfangen hatte, und handelte mit  denselbigen und gewann andere fünf Zentner. Desgleichen auch, der zween Zentner empfangen hatte, und gewann auch zween andere. Der aber einen empfangen hatte, ging hin und machte eine Grube in die Erde und verbarg seines Herrn Geld.

2. Lohn der treuen Knechte. Ueber eine lange Zeit kam der Herr dieser Knechte und hielt Rechenschaft mit ihnen. Da trat herzu, der fünf Zentner empfangen hatte, und legte andere fünf Zentner dar und sprach: Herr, du hast mir fünf Zentner gethan; siehe da, ich habe damit andere fünf Zentner gewonnen. Da sprach sein Herr zu ihm: Ei, du frommer und getreuer Knecht, du bist über wenigem treu gewe=sen, ich will dich über viel setzen. Gehe ein zu deines Herrn Freude. Da trat auch herzu, der zween Zentner empfangen hatte, und sprach: Herr, du hast mir zween Zentner gethan; siehe da, ich habe mit den=selben zween andere gewonnen. Sein Herr sprach zu ihm: Ei, du frommer und getreuer Knecht, du bist über wenigem getreu gewesen, ich will dich über viel setzen. Gehe ein zu deines Herrn Freude.

3. Strafe des unnützen Knechts. Da trat auch herzu, der einen Zentner empfangen hatte und sprach: Herr, ich wußte, daß du ein harter Mann bist, du schneidest, wo du nicht gesäet hast, und sam=melst, da du nicht gestreuet hast. Und fürchtete mich, und ging hin und verbarg deinen Zentner in die Erde. Siehe, da hast du das Deine. Sein Herr aber antwortete und sprach zu ihm: Du Schalk und fauler Knecht, wußtest du, daß ich schneide, da ich nicht gesäet habe, und sammle, da ich nicht gestreuet habe: so solltest du mein Geld zu den Wechslern gethan haben, und wenn ich gekommen wäre, hätte ich das Meine zu mir genommen mit Wucher. Darum nehmet von ihm den Zentner und gebt ihn dem, der zehn Zentner hat. Denn wer da hat, dem wird gegeben werden, und wird die Fülle haben: wer aber nicht hat, dem wird auch, was er hat, genommen werden. Und den unnützen Knecht werfet in die äußerste Finsternis hinaus, da wird sein Heulen und Zähnklappern.

Sprüche: Jak. 1, 17: „Alle gute Gabe und alle vollkommene Gabe kommt von oben herab." Röm. 12, 6: „Wir haben mancherlei Gaben nach der Gnade, die uns gegeben ist." 1. Kor. 4, 7: „Was hast du, das du nicht empfangen hast?" 1. Korinther 7, 7: „Ein jeglicher hat seine eigene Gabe von Gott einer so, der andere so." Gal. 6, 9: „Lasset uns Gutes thun und nicht müde werden; denn zu seiner Zeit werden wir auch ernten ohne Aufhören." Luk. 12, 48: „Denn welchem viel gegeben ist, bei dem wird man viel suchen; und welchem viel befohlen ist, von dem wird man viel fordern."

Von den anvertrauten Zentnern.

Katechismus: Erster Artikel: „Mir Leib und Seele, Augen, Ohren und alle Glieder ꝛc." Dritter Artikel: „Mit Seinen Gaben erleuchtet." Zweiter Artikel: „Von dannen Er wieder kommen wird zu richten die Lebendigen und die Toten."

Lied: „Wer gibt sein Pfund auf Wucher hin,
Und nützet seinen Tag,
Daß er mit himmlischem Gewinn
Vor Jesum treten mag?"
(Aus „Der Herr bricht ein." Verf. unbekannt.)

Fragen: 1. Was thut der Mensch, ehe er über Land zieht? 2. Wie viel gibt er seinen Knechten? 3. Wonach richtet er sich in seinem Austeilen? 4. Was thun die zwei ersten Knechte? 5. Was fängt aber der letzte mit seinem Zentner an? 6. Wann kehrt der Herr zurück? 7. Was fordert er? 8. Welche Rechenschaft legt der erste Knecht ab? 9. Welche der zweite? 10. Was sagt der Herr zu beiden? 11. Was aber spricht, der einen Zentner empfangen hatte? 12. Was bringt er dem Herrn? 13. Wie nennt ihn der Herr? 14. Was sollte der Knecht gethan haben? 15. Was geschieht mit dem Zentner? 16. Nach welchem Grundsatz geschieht dies? 17. Was aber geschieht mit dem unnützen Knecht?

Bemerkungen: Dieses Gleichnis ist dem vorhergehenden von den anvertrauten Pfunden **sehr ähnlich**: 1. prüft der Herr in beiden die Treue seiner Knechte durch Güter, welche er ihnen bis zu seiner Wiederkehr zu verwalten gibt; 2. findet sich in beiden neben den getreuen auch ein ungetreuer oder fauler Knecht; 3. werden in beiden die ersteren belohnt, der letztere dagegen bestraft; 4. auch schützt der faule Knecht in beiden so ziemlich dieselbe Entschuldigung vor. **Verschieden** sind sie aber vornehmlich darin, daß 1. in jenem der feindlichen Bürger noch daneben gedacht ist, dieser Zug aber hier wegfällt; 2. wird dort einem jeden Knecht ein Gut von gleichem Wert ausgeteilt (jeder erhält sein Pfund); hier sind die Gaben bei jedem verschieden (dem einen werden fünf, dem andern zwei ꝛc. gegeben); 3. ist hier die Strafe für den faulen Knecht eine viel strengere als dort. Dort verliert er sein Pfund; hier wird der unnütze Knecht noch in die äußerste Finsternis hinausgeworfen. — **Zentner** = Talent, wie bei der königlichen Rechnung = $1,500—$1,800. — **Fünf, zwei, ein**: Verschiedene Gaben des Leibes (Gesundheit, irdische Güter ꝛc); der Seele (Kenntnisse, Verstand ꝛc.) des Geistes (Erkenntnis in geistlichen Dingen; die lautern Gnadenmittel ꝛc.). Alles dieses ist bei keinem Menschen gleich; ein jeder hat verschiedene Gaben nach „seinem Vermögen", nachdem Gott ausgeteilet hat das Maß des Glaubens. Gott verlangt deshalb nicht von jedem große Leistungen. Was er verlangt, ist Treue.

21. Der thörichte Reiche.
Luk. 12, 13—21.

Es sprach aber einer aus dem Volke zu Christo: Meister, sage meinem Bruder, daß er mit mir das Erbe teile. Jesus sprach aber zu ihm: Mensch, wer hat Mich zum Richter oder Erbschichter über euch gesetzt? Und sprach zu ihnen: Sehet zu und hütet euch vor dem Geize; denn niemand lebet davon, daß er viele Güter hat.

Und Er sagte ihnen ein Gleichnis und sprach: Es war ein reicher Mensch, des Feld hatte wohl getragen. Und er gedachte bei sich selbst und sprach: Was soll ich thun? Ich habe nicht, da ich meine Früchte hinsammle. Und sprach: Das will ich thun: Ich will meine Scheunen abbrechen und größere bauen, und will darein sammeln alles, was mir gewachsen ist, und meine Güter. Und will sagen zu meiner Seele: Liebe Seele, du hast einen großen Vorrat auf viele Jahre, habe nun Ruhe, iß, trink und habe guten Mut. Aber Gott sprach zu ihm: Du Narr, diese Nacht wird man deine Seele von dir fordern, und wes wird's sein, das du bereitet hast? Also gehet es, wer sich Schätze sammelt, und ist nicht reich in Gott.

Sprüche: Mark. 7, 21. 22: „Denn von innen, aus dem Herzen des Menschen, gehen heraus arge Gedanken .... Geiz 2c." 1. Tim. 6, 9. 10: „Die da reich werden wollen, die fallen in Versuchung und Stricke und viel thörichter und schädlicher Lüste, welche versenken die Menschen ins Verderben und Verdammnis. Denn Geiz ist eine Wurzel alles Uebels, welches hat etliche gelüstet und sind vom Glauben irre gegangen und machen ihnen selbst viele Schmerzen." Matth. 6, 26: „Was hülfe es dem Menschen, so er die ganze Welt gewönne und nehme doch Schaden an seiner Seele? Oder was kann der Mensch geben, damit er seine Seele wieder löse?"

Katechismus: Erstes Gebot: „Wir sollen Gott über alle Dinge fürchten, lieben und vertrauen" (und nicht die Güter dieser Welt). Vierte Bitte: „Wir bitten in diesem Gebet, daß Er uns erkennen lasse und wir mit Danksagung empfahen unser täglich Brot."

Lied: Wolf: „Seele, was ermüd'st du dich — In den Dingen dieser Erben 2c." J. H. Schröder: „Eins ist not, ach Herr, dies Eine." C. F. Gellert: „Wohl dem, der beßre Schätze liebt."

Fragen: 1. Was will der Mann von dem Herrn? 2. Was antwortet aber derselbe? 3. Aus welcher Sünde ging offenbar das Begehr dieses

Menschen, das er an Jesum stellte, hervor? 4. Ueber welche Sünde gibt nun der Herr nähere Belehrung? 5. Durch was erklärt dies der Herr näher? 6. Was für eine Ernte hat der Reiche in Aussicht? 7. In welche Verlegenheit kommt er dadurch? 8. Was beschließt er zu thun? 9. Was will er in die Scheune sammeln? 10. Was will er zu seiner Seele sagen? 11. Wie aber spricht Gott zu ihm? 12. Wem wird es gehen wie diesem Reichen?

Bemerkungen: **Erbe teilen:** Nach jüdischem Recht erhielt der ältere Sohn zwei Teile mit der Verpflichtung, die überlebende Mutter oder die etwa unverheirateten Schwestern zu versorgen. Vielleicht war dies ein jüngerer Sohn, der sein Erbe durchgebracht, oder besser, der nicht genügend bekommen zu haben vermeinte. — **Wer hat Mich zum Richter 2c.:** Der Herr Jesus geht auch hier, wie bei der Ehebrecherin, auf Schlichtung von weltlichen Händeln nicht ein. Er hat keinen Beruf dazu: „Wer hat Mich 2c." Er will nicht erfunden werden, als der in ein fremdes Amt greifet. „Richter", der die Sache untersucht und den Wahrspruch fällt. „Erbschichter", der teilt und den Rechtsspruch zur Ausführung bringt. — **Zu meiner Seele:** Als sei er Herr nicht bloß über seine Felder, Scheunen, Keller und Böden, sondern auch über seine Seele; aber Gott lehrt ihn bald, daß nicht nur seine Seele, sondern all sein Besitztum in Seiner Hand steht, und daß Er ihn bloß als Haushalter darüber gewähren will, so lange es Ihm gefällt. **Du Narr:** Der würde heutigen Tages für einen gar weisen Mann gehalten; aber die Weisheit dieser Welt ist Narrheit vor Gott. — **Reich in Gott:** Wer vor allen Dingen trachtet nach dem Reiche Gottes und Schätze im Himmel sammelt.

22. Der unfruchtbare Feigenbaum.
Luk. 13, 1—9.

1. Gottes Ernst. Es waren aber zu derselbigen Zeit etliche dabei, die verkündigten Jesu von den Galiläern, welcher Blut Pilatus samt ihrem Opfer vermischt hatte. Und Jesus antwortete und sprach zu ihnen: Meint ihr, daß diese Galiläer vor allen Galiläern Sünder gewesen sind, dieweil sie das erlitten haben? Ich sage, nein; sondern so ihr euch nicht bessert, werdet ihr alle also auch umkommen. Oder meint ihr, daß die achtzehn, auf welche der Turm in Siloah fiel und erschlug sie, seien schuldig gewesen vor allen Menschen, die zu Jerusalem wohnen? Ich sage, nein; sondern so ihr euch nicht bessert, werdet ihr alle also auch umkommen.

Der unfruchtbare Feigenbaum. 57

Der unfruchtbare Feigenbaum.

2. Gottes Güte. Er sagte ihnen aber dies Gleichnis: Es hatte einer einen Feigenbaum, der war gepflanzt in seinem Weinberge, und kam und suchte Frucht darauf, und fand sie nicht. Da sprach er zu dem Weingärtner: Siehe, ich bin nun drei Jahre lang alle Jahr gekommen und habe Frucht gesucht auf diesem Feigenbaume und finde sie nicht; haue ihn ab, was hindert er das Land? Er aber antwortete und sprach zu ihm: Herr, laß ihn noch dies Jahr, bis daß ich um ihn grabe und bedünge ihn; ob er wollte Frucht bringen; wo nicht, so haue ihn darnach ab.

Sprüche: Pf. 7, 13: „Will man sich nicht bekehren, so hat Er Sein Schwert gewetzet und Seinen Bogen gespannt und zielet." Röm. 14, 4: „Wer bist du, daß du einen fremden Knecht richtest? Er steht oder fällt seinem Herrn." Röm. 11, 22: „Darum schaue die Güte und den Ernst Gottes, den Ernst an denen, die gefallen sind; die Güte aber an dir; sonst wirst du auch abgehauen werden." Jak. 4, 14: „Was ist euer Leben? Ein Dampf ist es, der eine kleine Zeit währet, darnach aber verschwindet er." Röm. 2, 4: „Verachtest du den Reichtum Seiner Güte, Geduld und Langmütigkeit? Weißt du nicht, daß dich Gottes Güte zur Buße leitet?"

Katechismus: Gebote Schluß: „Ich, der Herr dein Gott, bin ein eifriger Gott, der über die, so Mich hassen, die Sünde der Väter heimsuchet. Wir sollen uns fürchten vor seinem Zorn." Siebente Bitte: „Zuletzt, wenn unser Stündlein kommt, ein seliges Ende beschere und mit Gnaden ꝛc." Zweite Bitte: „Seinem hl. Wort durch Seine Gnade glauben und göttlich leben."

Lied: Aemilie Juliana G. von Schwarzburg-Rudolstadt: „Wer weiß, wie nahe mir mein Ende, — Hin geht die Zeit, her kommt der Tod ꝛc." Brschw. Gsbch.: „Bedenke, Mensch, das Ende, bedenke deinen Tod ꝛc." G. Albinus: „Straf mich nicht in Deinem Zorn, großer Gott, verschone ꝛc."

Fragen: 1. Was verkündigten etliche dem Herrn? 2. Was fragt sie der Herr? 3. Wie beantwortet Er selbst diese Frage? 4. Welche Heimsuchung führt Er selbst an? 5. Welche Frage richtet Er darüber an Seine Zuhörer? 6. Welche Antwort gibt Er selbst darauf? 7. Welche Lektion zieht Er aus beiden Ereignissen? 8. Mit welchem Gleichnis erläutert Er dies? 9. Wo war der Feigenbaum gepflanzt? 10. Trug derselbe Frucht? 11. Wie lange nicht? 12. Was gedachte der Eigentümer mit dem Feigenbaume zu thun? 13. Wer legt Fürbitte ein? 14. Wie lautet des Weingärtners Bitte?

Bemerkungen: Welcher Blut: Während des Opferns wurde eine Anzahl Galiläer auf Pilatus' Befehl geschlachtet. Die Ursache war ohne Zweifel angestiftete politische Unruhen. Zeigt auch die Grausamkeit des Pilatus. **Sünder vor allen:** Bricht ein göttliches Strafgericht herein, so sind wir versucht, vermessen zu urteilen. Es geht uns wie den Jüngern bei dem Blindgebornen Joh. 9, 2. Da gilt es sich selbst prüfen, ob nicht eben solche oder schwerere Sünden an uns seien. — **Siloah:** Ein Dorf Jerusalem gegenüber gelegen. Dies sind schlagende Beispiele von dem Ernst des Lebens, von dessen Unsicherheit und ermahnen uns ernstlich zum Wachen; denn der Herr des Hauses kommt zu einer Stunde, da wir es nicht meinen. — **So ihr euch nicht ꝛc.:** Dies ging buchstäblich in Erfüllung, als ums Jahr 70, also etwa 40 Jahre hernach, die ganze Stadt zusammenfiel, wie der Turm zu Siloah, so daß kein Stein auf dem andern blieb und Hunderttausende der Juden, die sich auf Christi und der Apostel Predigt nicht gebessert hatten, unter den Händen der Römer (und davon nicht wenige an den Opferaltären im Tempel) verbluteten. — **Feigenbaum:** Das Volk der Juden und namentlich die ungläubigen unter denselben. — **Drei Jahre** hatte der Herr Jesus gelehrt; aber das Volk brachte keine rechtschaffenen Früchte der Buße. — **Hindert das Land:** Macht das Land wirkungslos durch Einnehmen des Raumes, Aussaugen des Bodens und Werfen des Schattens. — **Noch dies Jahr:** Die Langmut Gottes währet noch kurze Zeit; noch wollte der Herr graben und bedüngen durch ernste Bußpredigt, durch Tod und Auferstehung, durch Pfingstpredigt ꝛc., und wenn dies sich als fruchtlos erwiese, sollte der Baum abgehauen, d. h. Israel verworfen werden.

23. Vom hochzeitlichen Kleide.
Matth. 22, 1—14.

1. Die unwürdigen Gäste. Jesus antwortete und redete abermal durch Gleichnisse zu ihnen und sprach: Das Himmelreich ist gleich einem Könige, der seinem Sohne Hochzeit machte. Und sandte seine Knechte aus, daß sie die Gäste zur Hochzeit riefen; und sie wollten nicht kommen. Abermal sandte er andere Knechte aus und sprach: Saget den Gästen: Siehe, meine Mahlzeit habe ich bereitet, meine Ochsen und mein Mastvieh ist geschlachtet und alles ist bereit, kommt zur Hochzeit. Aber sie verachteten das und gingen hin, einer auf seinen Acker, der andere zu seiner Hantierung. Etliche aber griffen seine Knechte, höhneten und töteten sie. Da das der König hörte, ward er zornig und schickte seine Heere aus und brachte diese Mörder um und zündete ihre Stadt an.

2. **Die letzte Einladung.** Da sprach er zu seinen Knechten: Die Hochzeit ist zwar bereitet, aber die Gäste waren's nicht wert. Darum gehet hin auf die Straßen und ladet zur Hochzeit, wen ihr findet. Und die Knechte gingen aus auf die Straßen und brachten zusammen, wen sie fanden, Böse und Gute, und die Tische wurden alle voll.

Da ging der König hinein, die Gäste zu besehen, und sah all= da einen Menschen, der hatte kein hochzeitlich Kleid an, und sprach zu ihm: Freund, wie bist du herein gekom= men, und hast doch kein hochzeitlich Kleid an? Er aber verstummte. Da sprach der König zu seinen Dienern: Bin= det ihm Hände und Füße und werfet ihn in die äußerste Finsternis hinaus, da wird sein Heu= len und Zähnklappern. Denn viele sind berufen, aber wenige sind auserwählet.

Sprüche: Jes. 25, 6: „Und der Herr Zebaoth wird allen Völkern machen ein fettes Mahl; ein Mahl von reinem Wein, von Fett, von Mark, von Wein." Röm. 2, 4: „Verachtest du den Reichtum Seiner Güte, Geduld und Langmütigkeit?" Matth. 23, 37: „Jerusalem, Jerusalem, die du tötest die Propheten und steinigest, die zu dir gesandt sind! Wie oft habe ich deine Kinder versammeln wollen, wie eine Henne versammelt ihre Küchlein unter ihre Flügel; und ihr habt nicht gewollt." Hebr. 11, 36, 37: „Etliche haben Spott und Geißel erlitten, dazu Bande und Gefängnis; sie sind gesteinigt, zerhackt, zerstochen, durchs Schwert getötet." Matth. 8, 11, 12: „Viele werden kommen vom Morgen und vom Abend und mit Abraham, Isaak und Jakob im Himmelreich sitzen; aber die Kinder des Reichs werden ausgesto= ßen." Röm. 13, 14: „Ziehet an den Herrn Jesum."

Vom hochzeitlichen Kleide.

Katechismus: Drittes Gebot: „Daß wir die Predigt und Sein Wort nicht verachten ꝛc." Schluß der Gebote: „Gott dräuet zu strafen alle ꝛc." Taufe: „Es bedeutet, daß der alte Adam in uns durch tägliche Reue und Buße soll ersäuft werden und sterben ꝛc. und wiederum täglich herauskommen und auferstehn ein neuer Mensch, der in Gerechtigkeit und Reinigkeit vor Gott ewiglich lebe."

Lied: Just. Jonas: „Wo Gott, der Herr, nicht bei uns hält, wenn unsre Feinde toben." Lpzg. Gsbch.: „Christi Blut und Gerechtigkeit, das ist mein Schmuck und Ehrenkleid ꝛc." „Der König wird bald kommen die Hochzeitgäst besehn ꝛc." Aus J. Walthers: „Der Bräutgam wird ꝛc." „Hier ziehn wir Jesum Christum an ꝛc." Aus P. Gerhardts: „Das Volk, das Du getaufet ꝛc."

Fragen: 1. Was macht der König? 2. Wozu sendet er die Knechte aus? 3. Wie verhalten sich die Gäste? 4. Was thut der König nun? 5. Was läßt er den Gästen sagen? 6. Was aber thun dieselben? 7. Was wird von etlichen erzählt? 8. Wie bestraft der König diese Mörder? 9. Was sagt er von den Gästen? 10. Was heißt er seine Knechte thun? 11. Wen bringen diese zusammen? 12. Was thut der König? 13. Wen findet er? 14. Was sagt er zu ihm? 15. Welchen Befehl erteilt er? 16. Welchen Schluß zieht der Herr daraus?

Bemerkungen: **Im ersten Teil** stellt Christus die freie Gnade Gottes dar, welche zuerst den Kindern Israel ernstlich angeboten und nachdem sie dieselbe verachten und die Knechte mißhandeln, ihnen entzogen und den Heiden gegeben wird.—**Der zweite Teil** lehrt den gemischten Zustand des Reiches Gottes auf Erden, der nicht wie im Gleichnis vom Unkraut unter dem Weizen offen zu Tage tritt, sondern wie im Gleichnis vom Netze verborgen bleibt; da viele Heuchler unter den wahren Christen sich finden, welche Gott allein bekannt sind und seinem alles durchdringenden Auge nicht entgehen werden. — **Hochzeit**: „Nicht eine Arbeits- noch Trauerzeit, sondern eine Feier- und Freudenzeit, da man sich schmückt, da man singt, spielt, pfeift ꝛc. Darum nennt Christus seine Christenheit und Evangelium bei der höchsten Freude auf Erden eine Hochzeit und lehrt uns damit, daß sein Evangelium eine liebliche, fröhliche Predigt ist, eine rechte fröhliche Hochzeit, da Christus der Bräutigam ist und die christliche Kirche die Braut und unsere Mutter. Da wollen wir hin, zu der Hochzeit wollen wir kommen, da wird's fein und herrlich zugehen. Darnach macht er's noch herrlicher, nennt's eine **königliche Hochzeit**, da alles aufs herrlichste zugehet." (Luther.) — **Aber sie verachteten ꝛc.**: Es sind zwei Klassen: Die einen die irdisch-gesinnten, leichtlebigen Weltkinder; die andern die boshaften, offenbaren Feinde des Reiches Gottes. Erstere lassen es bei der bloßen Verachtung bewenden; letztere vergreifen sich an den Knechten. — **Hochzeitlich Kleid**: Nach der Sitte des Morgenlandes hatte der Herr, der ein Fest gab, in einem Vorzimmer für jeden Gast ein Feierkleid bereit, das derselbe anzog. Der Mann im Gleichnis hatte das hochzeitliche Kleid verschmäht, das auch für ihn bereit war und war im eigenen Rock erschienen. Alle unsere Gerechtigkeit ist aber ein unflätig Kleid vor Gott (Jes. 64, 6). Das hochzeitliche Kleid ist nicht unsere Gerechtigkeit, die Lebensgerechtigkeit oder Heiligung, die in diesem Leben nie vollkommen wird, sondern die vollkommene Gerechtigkeit Jesu Christi, die reine und schöne Seide, welche dem Weib zur Hochzeit des Lammes gegeben wird (Offbg. 19, 7. 8). Dieses hochzeitliche Kleid wird allen angeboten in den Gnadenmitteln: Wort und Sakrament. Wer dieselben im Glauben gebraucht, der zieht das hochzeitliche Kleid an (Gal. 3, 26, 27). Luther: Darnach gibt das Kleid einen Glanz von sich. Das sind die guten Werke, die also glänzen und allein dem Nächsten zu Nutze geschehen. — **Verstummt**: Leute, die sonst so schön und heuchlerisch reden konnten, können kein Wort hervorbringen. Er hat keine Entschuldigung. Alle Selbsttäuschung nimmt ein Ende mit Schrecken.

24. Die ungleichen Söhne.
Matth. 21, 28—32.

Jesus sprach zu den Hohenpriestern und Aeltesten: Was dünkt euch aber? Es hatte ein Mann **zween Söhne,** und ging zu dem ersten und sprach: Mein Sohn, gehe hin und arbeite heute in meinem Weinberge. Er antwortete aber, und sprach: Ich will es **nicht** thun. Darnach reuete es ihn, und ging hin. Und er ging zum andern, und sprach gleich also. Er antwortete aber, und sprach: **Herr, ja;** und ging nicht hin. Welcher unter den zween hat des Vaters Willen gethan? Sie sprachen zu Ihm: **Der erste.** Jesus sprach zu ihnen: Wahrlich, Ich sage euch: Die Zöllner und Huren mögen wohl eher ins Himmelreich kommen, denn ihr. Johannes kam zu euch, und lehrte euch den rechten Weg, und ihr glaubtet ihm nicht; aber die Zöllner und Huren glaubten ihm. Und ob ihr es wohl sahet, thatet ihr dennoch nicht Buße, daß ihr ihm darnach auch geglaubt hättet.

Sprüche: Mal. 2, 10: „Haben wir nicht alle einen Vater? Hat uns nicht ein Gott geschaffen?" Hes. 33, 14. 15: „Wenn Ich zum Gottlosen spreche, er soll sterben; und er bekehrt sich von seiner Sünde und thut was recht und gut ist, so soll er leben und nicht sterben." Röm. 12, 2: „Ver-

Die ungleichen Söhne.

ändert euch durch Verneuerung eures Sinnes, auf daß ihr prüfen möget, welches da sei der gute, der wohlgefällige und der vollkommene Gottes Wille." Matth. 15, 8: „Dies Volk nahet sich zu Mir mit seinem Munde...., aber ihr Herz ist ferne von Mir." Luk. 7, 29. 30: „Die Zöllner gaben Gott recht und ließen sich taufen; aber die Pharisäer und Schriftgelehrten verachteten Gottes Rat wider sich selbst und ließen sich nicht taufen."

Katechismus: Dritte Bitte: „Wenn Gott allen **bösen** Rat und **Willen** bricht und hindert, so uns den Namen Gottes nicht heiligen 2c." (Erster Artikel: „Das alles ich Ihm zu danken und zu loben und dafür zu **dienen** und **gehorsam** zu sein schuldig bin."

Lied: L. F. Lehr: „Mein Heiland nimmt die Sünder an, — Die unter ihrer Last der Sünden."

Fragen: 1. Wie viele Söhne hat der Mann im Gleichnis? 2. Was sagt er zu dem ersten? 3. Was antwortet dieser? 4. Was thut er aber hernach doch? 5. Was spricht der Vater zu dem andern? 6. Was antwortet dieser? 7. Was thut er aber hernach? 8. Welche Frage stellt der Herr darüber an die Hohenpriester und Aeltesten? 9. Was antworten diese? 10. Welchen Schluß zieht der Herr daraus? 11. Was sagt der Herr von Johannis Predigt? 12. Welche Wirkung hatte aber dieselbe? 13. Was thaten aber die offenbaren Sünder? 14. Folgten die Hohenpriester und Aeltesten deren Beispiel? 15. Wen will darum der Herr dem ersten Sohne vergleichen? 16. Wen dem andern?

Bemerkungen: Der Herr redet dies zu den Hohenpriestern und Aeltesten, die Ihn versuchen wollten. **Der erste Sohn** sind die offenbaren Sünder, welche mutwillig und frei heraus ihren Ungehorsam durch ihr: „ich will nicht" zu erkennen geben. Die **Hohenpriester** und **Aeltesten** aber versprechen den Willen des Vaters zu erfüllen, heucheln aber und thun ihn doch nicht. Sie wollen für gehorsame Kinder angesehen sein, sich des Gesetzes rühmen, und doch verwerfen sie dabei den Herrn Jesum, an dem sich aller wahre Gehorsam erproben muß. Die Sünder sind abgewichen von dem Willen Gottes, das ist wahr, sie sind weit und breit dafür bekannt; aber sie fliehen zu dem, der alle Mühseligen und Beladenen zu Sich kommen heißt. „Dies ist Mein lieber Sohn, den sollt ihr hören", und den hört ein Zachäus und eine Maria Magdalena. Ebendenselben verstoßen aber die Hohenpriester und Aeltesten des Volks, die mit ihrem blinden Eifer ums Gesetz und mit ihrer selbstgemachten Heiligkeit Gottes Willen zu thun scheinen; den eingebornen Sohn, in dem sich der Wille des Vaters am deutlichsten offenbart, überantworten sie aber in der Heiden Hände, daß Er verdammet würde zum Tode.

25. Die bösen Weingärtner.
Matth. 21, 33—43.

1. Die Güte und Geduld Gottes. Jesus sprach zu den Hohenpriestern und Aeltesten: Höret ein ander Gleichnis: Es war ein Hausvater, der pflanzte einen Weinberg, und führete einen Zaun darum, und grub eine Kelter darinnen, und baute einen Turm, und that ihn den Weingärtnern aus, und zog über Land. Da nun herbei kam die Zeit der Früchte, sandte er seine Knechte zu den Weingärtnern, daß sie seine Früchte empfingen.

2. Die Bosheit der Sünder. Da nahmen die Weingärtner seine Knechte; einen stäupten sie, den andern töteten sie, den dritten steinigten sie. Abermal sandte er andere Knechte, mehr denn der ersten waren; und sie thaten ihnen gleich also. Darnach sandte er seinen Sohn zu ihnen, und sprach: Sie werden sich vor meinem Sohn scheuen. Da aber die Weingärtner den Sohn sahen, sprachen sie untereinander: Das ist der Erbe; kommt, laßt uns ihn töten, und sein Erbgut an uns bringen! Und sie nahmen ihn, und stießen ihn zum Weinberge hinaus, und töteten ihn.

3. Das Gericht Gottes. Wenn nun der Herr des Weinbergs kommen wird, was wird er diesen Weingärtnern thun? Sie sprachen zu Ihm: Er wird die Bösewichter übel umbringen, und seinen Weinberg andern Weingärtnern austhun, die ihm die Früchte zu rechter Zeit geben. Jesus sprach zu ihnen: Habt ihr nie gelesen in der Schrift: „Der Stein, den die Bauleute verworfen haben, der ist zum Eckstein geworden. Von dem Herrn ist das geschehen, und es ist wunderbarlich vor unsern Augen?" Darum sage Ich euch: Das Reich Gottes wird von euch genommen und den Heiden gegeben werden, die seine Früchte bringen.

Sprüche: Jes. 5, 1. 2: „Mein Lieber hat einen Weinberg an einem fetten Ort, und er hat ihn verzäunet und mit Steinhaufen verwahret und edle Reben drein gesenket. Er baute auch einen Turm darinnen, und grub eine Kelter darein und wartete, daß er Trauben brächte." Matth. 10, 16. 22: „Siehe, Ich sende euch wie Schafe mitten unter die Wölfe. Und müsset gehasset werden von jedermann um Meines Namens willen." 2. Kor. 6, 4. 5: „In allen Dingen lasset uns beweisen als die Diener Gottes in großer Ge-

Die bösen Weingärtner. 65

bulb, in Trübsalen, in Nöten, in Aengsten, in Schlägen, in Gefängnissen, in Aufrühren." Joh. 11, 53: „Von dem Tage an ratschlagten sie (die Hohenpriester und Pharisäer), wie sie Jesum töteten."

Katechismus: Fünftes Gebot: „Du sollst nicht töten. Daß wir unserm Nächsten an seinem Leib keinen Schaden noch Leid thun." Neuntes Gebot: „Daß wir unserm Nächsten nicht mit List nach seinem Erbe oder Hause stehen." Zweiter Artikel: „Und an Jesum Christum Seinen einigen Sohn . . . gelitten unter Pontio Pilato, gekreuziget, gestorben."

Lied: „Ach Gott, wie herzlich liebst Du doch — Uns arme Leut auf Erden 2c." (Ordinationslied). M. A. v. Löwenstern: „Christe, Du Beistand Deiner Kreuzgemeine, — Eile, mit Hilf' und Rettung uns erscheine." N. v. Hofe (Decius): „O Lamm Gottes unschuldig — Am Stamm des Kreuzes geschlachtet."

Fragen: 1. Was pflanzt der Mensch? 2. Was thut er sonst an dem Weinberg? 3. Wem thut er denselben aus? 4. Wen sendet er zu den Weingärtnern? 5. Wann? 6. Warum? 7. Was thun aber die Weingärtner? 8. Wie behandeln sie den andern Knecht? 9. Wie aber thun sie gar dem dritten? 10. Was den vielen andern? 11. Wozu entschließt sich nun der Eigentümer des Weinbergs? 12. Warum sendet er seinen Sohn? 13. Welchen Entschluß aber fassen die Weingärtner? 14. Wie führen sie denselben aus? 15. Welche Frage stellt nun der Herr an Seine Zuhörer? 16. Was antworten sie? 17. Wen meint der Herr unter diesen bösen Weingärtnern? (S. Matth. 21, 43. 45.). 18. Welche direkte Anwendung macht der Herr auf Seine Zuhörer?

Bemerkungen: Weinberg: Kirche des alten Bundes. — **Zaun:** Das Gesetz. Ephes. 2, 14. 15: „Hat abgebrochen den Zaun, der dazwischen (zwischen Israel und den Heiden) war, nämlich das Gesetz." — **Kelter:** Tempel, Opfer, Feste 2c., die Gefäße, in welchen der Herr den reichen Schatz Seiner Gnaden fließen ließ. — **Turm:** Darauf die Wächter den ganzen Weinberg übersehen und bewachen können. **Weingärtner:** Priester, Hoherat 2c., welche den Weinberg pflegen und bauen sollten. — **Zog über Land:** Der Herr überließ den Obersten des Volks die Pflege Israels, um zu sehen, ob sie darin sich treu erweisen und den Weinberg recht nach seinen Vorschriften bauen würden. — **Knecht:** Als das Volk in Abgötterei versunken war, den wahren lebendigen Gott verworfen hatte, und in Lastern der Völlerei und Unzucht dahinlebte, sandte Gott Seine Knechte, die Propheten, um nach den „Früchten" zu sehen. Es war „die Zeit der Früchte"; aber der Weinberg hatte keine süßen Trauben (Buße, Gottesfurcht) getragen, sondern saure Herlinge (Abgötterei, Wollust 2c.). — **Stäupten 2c.:** 1. Zedekia **schlug** den Propheten Micha. 1. Kön. 22, 24. 2. Isabel **erwürgte** die Propheten des Herrn. 1. Kön. 18, 13. 3. Pashur **schlug** den Propheten Jeremias seiner Strafpredigt halber und **warf ihn ins Gewölbe.** Jer. 20, 1. 2. Kp. 37, 15, ließen ihn die Fürsten ähnlich mißhandeln. 4. Zacharja wird seiner Strafpredigt halber, nach dem Gebot des Königs, im Hofe am Hause des Herrn **gesteinigt.** 2. Chron. 24, 20. 21. Die wahre Kirche ist je und je verfolgt worden. Matth. 5, 11. 12. preist der Herr die Christen

Die zehn Jungfrauen.

67

barüber selig. Joh. 15, 18 ff. zeigt der Herr, daß es nicht anders sein könne, als daß die Welt die Seinen hasse; denn sie seien nicht von der Welt und da sie den Meister verfolgt haben, werden sie die Jünger auch verfolgen. Doch im Himmel wird es wohl belohnt werden. — **Stießen den Sohn hinaus** 2c.: Uebergeben Ihn den Heiden und schreien: Kreuzige, kreuzige Ihn! — **Andern austhun**: Das Reich Gottes wird von den Juden genommen werden; die Heiden aber werden in Seinem Lichte wandeln. Jes. 60, 1 ff.

26. Die zehn Jungfrauen.
Matth. 25, 1—13.

Dann wird das Himmelreich gleich sein zehn Jungfrauen, die ihre Lampen nahmen und gingen aus, dem Bräutigam entgegen. Aber fünf unter ihnen waren thöricht, und fünf waren klug. Die

thörichten nahmen ihre Lampen; aber sie nahmen nicht Oel mit sich. Die klugen aber nahmen Oel in ihren Gefäßen, samt ihren Lampen. Da nun der Bräutigam verzog, wurden sie alle schläfrig, und entschliefen. Zur Mitternacht aber ward ein Geschrei: Siehe, der

Bräutigam kommt; gehet aus, ihm entgegen! Da standen diese Jungfrauen alle auf, und schmückten ihre Lampen. Die thörichten aber sprachen zu den klugen: Gebt uns von eurem Oel; denn unsere Lampen verlöschen. Da antworteten die klugen, und sprachen: Nicht also, auf daß nicht uns und euch gebreche. Gehet aber hin zu den Krämern, und kauft für euch selbst. Und da sie hingingen zu kaufen, kam der Bräutigam; und welche bereit waren, gingen mit ihm hinein zur Hochzeit; und die Thür ward verschlossen. Zuletzt kamen auch die andern Jungfrauen, und sprachen: Herr, Herr, thue uns auf! Er antwortete aber, und sprach: Wahrlich, ich sage euch, ich kenne euch nicht. Darum wachet; denn ihr wisset weder Tag noch Stunde, in welcher des Menschen Sohn kommen wird.

Sprüche: Matth. 24, 42: „Wachet, denn ihr wisset nicht, welche Stunde euer Herr kommen wird." Mark. 13, 37: „Was Ich aber euch sage, das sage Ich allen: Wachet!" 1. Kor. 16, 13: „Wachet, stehet im Glauben." Offbg. 3, 3: „So du nicht wirst wachen, werde Ich über dich kommen wie ein Dieb." Ps. 111, 10: „Die Furcht des Herrn ist der Weisheit Anfang, das ist eine feine Klugheit." Matth. 7, 21: „Es werden nicht alle, die zu Mir sagen: Herr, Herr! in das Himmelreich kommen." Luk. 13, 24: „Ringet darnach, daß ihr durch die enge Pforte eingehet, denn viele werden, das sage Ich euch, darnach trachten, wie sie hinein kommen und werden es nicht thun können." Matth. 7, 23: „Ich habe euch noch nie erkannt, weichet alle von Mir, ihr Uebelthäter!"

Katechismus: Dritter Artikel: „Durchs Evangelium berufen, mit Seinen Gaben erleuchtet, im rechten Glauben geheiliget und erhalten." Dritte Bitte: „Stärket und behält uns fest in Seinem Wort und Glauben bis an unser Ende." Sechste Bitte: „Und ob wir damit angefochten würden, daß wir doch endlich gewinnen und den Sieg behalten." Taufe, zweites Stück: „Allen, die es glauben." Sakrament des Altars, fünftes Stück: „Fasten und leiblich sich bereiten ist wohl eine feine äußerliche Zucht, aber der ist recht würdig und wohlgeschickt, der den Glauben hat an solche Worte: für euch gegeben und vergossen zur Vergebung der Sünden. Wer aber diesen Worten nicht glaubet, oder zweifelt, der ist unwürdig und ungeschickt, denn das Wort „für euch" fordert eitel gläubige Herzen."

Lied: P. Nikolai: „Wachet auf! ruft uns die Stimme — Der Wächter sehr hoch auf der Zinne" ꝛc. L. Laurentii: „Ermuntert euch, ihr Frommen, — Zeigt eurer Lampen Schein" ꝛc.

Die zehn Jungfrauen.

Fragen: 1. Womit vergleicht der Herr das Himmelreich am Ende der Welt? 2. Was thun alle Jungfrauen? 3. Welchen Unterschied macht aber der Herr dennoch? 4. Was nehmen die thörichten? 5. Was aber nicht? 6. Worin unterschieden sich darin die klugen von den thörichten? 7. Worin sind sich aber alle wiederum gleich? 8. Was hörte man zur Mitternacht? 9. Was thun alle Jungfrauen? 10. Was sprechen die thörichten? 11. Was erwidern die klugen? 12. Welche Weisung geben sie ihnen? 13. Was geschieht, als die thörichten hingingen? 14. Welche gehen mit ihm hinein? 15. Wer kommt hernach auch noch? 16. Wie rufen sie? 17. Was antwortet der Bräutigam den thörichten? 18. Welche Mahnung zieht der Herr Jesus daraus?

Bemerkungen: In diesem Gleichnis stellt der Herr das Gericht über die dar, welche äußerlich zu Seiner Gemeinde gehören. **Jungfrauen:** solche, welche die Welt mit ihrem Unglauben und ihren Lüsten von sich fern halten. Jeder Christ ist eine Jungfrau. Fällt derselbe in die Stricke der Welt, so hat er seine Jungfrauschaft verloren. **Zehn:** Die Zahl der Fülle, d. h. die ganze Kirche. **Lampen:** alle haben einen hellen Schein des Glaubens und der guten Werke in der Finsternis der Welt. **Gehen aus:** alle sehnen sich nach dem Bräutigam, dem Herrn Jesum, der vom Himmel herab zu Seiner Braut auf Erden kommt, und ringen und laufen Ihm entgegen. **Oel in ihren Gefäßen:** Auch die thörichten haben Oel in ihren Lampen, die Lampen aller zehn scheinen helle; aber die klugen nehmen für den Notfall, daß sie lange warten müßten, noch einen Vorrat Oel in ihren Gefäßen neben ihren Lampen mit sich; die thörichten dagegen, sei es aus Unbedachtsamkeit, oder daß sie den Bräutigam nahe dachten, unterlassen diese Vorsichtsmaßregel. **Oel:** am besten der heilige Geist und die Gnadenmittel, durch welche er Glaube und Werke (Leuchten und Wärme des Lichtes) in uns wirkt. **Schläfrig:** Während der Bräutigam verzieht, bricht die Trübsal über alle herein und alle schlafen. Der Schlaf, von dem die klugen nicht ausgenommen sind, ist die natürliche menschliche Schwachheit, welche nicht notwendigerweise ein Fallen aus der Gnade ist. **Schmücken Lampen:** auch die thörichten; sie thun, was sie nur zu thun wissen; aber durch alles das gewinnen sie keinen Tropfen Oel. **Gebt uns 2c.:** der heilige Geist läßt sich nicht veräußern; jeder muß selbst den guten Kampf kämpfen; ein anderer kann es nicht für ihn thun; auch ist er aller Gnade Gottes selbst benötigt. **Verschlossen:** zu spät. Welch' ein Jammer für die thörichten. All' ihr Wachen, Abmühen, nach Mitternacht zu den Krämern laufen, ist umsonst! An eigenem Thun hatten sie in der That mehr aufzuweisen als die klugen; aber es liegt nicht an jemandes Wollen oder Laufen; sondern daß uns geholfen wird, liegt allein an der Gnade Gottes, welche die thörichten aber nicht wertgeschätzt haben. **Summa**: die **thörichten** sind dem Samen auf dem Felsen ähnlich: bei der Taufe, Konfirmation und sonst, wenn sie Gottes Gnade sonderlich erweckt, brennen ihre Lichter helle; aber damit lassen sie es genügen und in der Zeit der Anfechtung erlischt ihr Glaubenslicht und sie fallen ab. Die Lampen haben sie wohl, d. h. die äußere Form kirchlichen Wesens, aber den Geist Gottes lassen sie durch Predigt und Sakrament nicht herzliche Buße und wahren Glauben in sich wirken. Die **klugen** machen gläubigen Gebrauch von den Gnadenmitteln und ihnen schenkt Gott ein reiches Maß des heiligen Geistes, welcher, so Schläfrigkeit und Trübsal kommt, sie im Glauben erhält, in aller Anfechtung stärkt und ihre Leuchte nicht verlöschen läßt.

27. Vom guten Hirten.
Joh. 10, 12—16. 27. 28.

Jesus sprach: Ich bin ein **guter Hirte**. Ein guter Hirte läßt sein Leben für die **Schafe**. Ein **Mietling** aber, der nicht Hirte ist, des die Schafe nicht eigen sind, siehet den  **Wolf** kommen und verläßt die Schafe und fliehet, und der Wolf erhaschet und zerstreuet die Schafe. Der Mietling aber fliehet; denn er ist ein Mietling und achtet der Schafe nicht. Ich bin ein guter Hirte und erkenne die Meinen, und bin bekannt den Meinen, wie Mich Mein Vater kennet und Ich kenne den Vater. Und Ich lasse Mein Leben für die Schafe. Und Ich habe noch andere Schafe, die sind nicht aus diesem Stalle. Und dieselben muß Ich herführen, und sie werden Meine Stimme hören und wird eine Herde und ein Hirte werden. Und Meine Schafe hören Meine Stimme, und Ich kenne sie, und sie folgen Mir. Ich gebe ihnen das ewige Leben, und sie werden nimmermehr umkommen, und niemand wird sie aus Meiner Hand reißen.

Sprüche: Pf. 23, 1—3: „Der Herr ist mein Hirte, mir wird nichts mangeln. Er weidet mich auf einer grünen Aue und führet mich zum frischen

Vom guten Hirten.

Wasser, Er erquicket meine Seele; Er führet mich auf rechter Straße um Seines Namens willen." Hes. 34, 23: „Ich will ihnen einen einigen Hirten erwecken, der sie weiden soll, nämlich Meinen Knecht David (Christus). Der wird sie weiden und soll ihr Hirte sein." Jes. 40, 11: „Er wird Seine Herde weiden wie ein Hirte; Er wird die Lämmer in Seine Arme sammeln und in Seinem Busen tragen und die Schafmütter führen." Apgsch. 20, 29: „Es werden kommen greuliche Wölfe, die der Herde nicht verschonen werden." Joh. 8. 44: „Der Teufel ist ein Mörder von Anfang." Röm. 8, 35—39: „Wer will uns scheiden von der Liebe Gottes? Trübsal oder Angst ꝛc." 1. Thess. 5, 23: „Euer Geist ganz samt Seele und Leib müsse behalten werden unsträflich auf die Zukunft unseres Herrn Jesu Christi."

Katechismus: Zweiter Artikel: „Der mich verlornen und verdammten Menschen erlöset hat, erworben und gewonnen von allen Sünden, vom Tod und von der Gewalt des Teufels, nicht mit Gold oder Silber, sondern mit Seinem heiligen teuren Blut und mit Seinem unschuldigen Leiden und Sterben, auf daß ich Sein eigen sei." Dritter Artikel: „Eine heilige christliche Kirche, die Gemeine der Heiligen." „Bei Jesu Christo erhält im rechten einigen Glauben."

Lied: Corn. Becker: „Der Herr ist mein getreuer Hirt, dem ich mich ganz vertraue." S. von Birken (Bethulius): „Jesu, frommer Menschenherden guter und getreuer Hirt." „Erhalt Herr, Deine Schafe." Aus A. Gryphius': „Erhalt uns Deine Lehre."

Fragen: 1. Wer ist der gute Hirte? 2. Wodurch beweist Er dies? 3. Wer ist kein guter Hirte? 4. Warum? 5. Wer sind die Schafe? 6. Der Wolf? 7. Was haben die Schafe vom Wolfe zu leiden? 8. Warum flieht der Mietling? 9. Was sagt der Herr weiter von Sich als dem guten Hirten? 10. Welches Volk hat der Herr bisher unter Seinen Schafen verstanden (vergl. Matth. 15, 24)? 11. Wen meint der Herr unter den andern Schafen (vergl. Matth. 28, 19)? 12. Was muß Er mit diesen thun? 13. Damit was werde? 14. Wie verhalten sich die Schafe dem Hirten gegenüber? 15. Was gibt ihnen derselbe? 16. Wie wird es denselben ferner ergehen?

Bemerkungen: Hirte: Er verpflegt nicht nur die Schafe, sondern beschützt sie auch in Gefahr und wagt das eigene Leben daran, wie David 1. Sam. 17, 34—36 und vornehmlich Christus. Mietling: Der lediglich um des Lohnes willen dient, sich um das Wohl der Schafe nicht kümmert, in Gefahr dieselben preisgibt und nur auf seine eigene Rettung bedacht ist. — Wolf: Der Schafe größter Feind und in dieser Verbindung der Teufel, welcher der größte Feind der Menschen ist. Dann auch solche, welche im Dienste des Teufels stehen, wie falsche Lehrer ꝛc. Apgsch. 20, 29. — Andre

Schafe: Die Heiden. — **Stimme hören 2c.**: Alle, die Christi Stimme im Evangelium hören, d. h. dieser Stimme folgen, sind Seine Schafe, welche die eine Herde, die eine Gemeine der Heiligen beides im Himmel und auf Erden bilden. Diese will Er auch treulich beschützen gegen alle Feinde und im Glauben erhalten.

28. Vom Weinstock.
Joh. 15, 1—6.

Ich bin ein rechter **Weinstock**, und Mein Vater ein **Weingärtner**. Einen jeglichen **Reben** an Mir, der nicht Frucht bringet, wird Er wegnehmen; und einen jeglichen, der da Frucht bringet, wird Er reinigen, daß er mehr Frucht bringe. Ihr seid jetzt rein um des

Worts willen, daß Ich zu euch geredet habe. Bleibet in Mir, und Ich in euch. Gleichwie der Rebe kann keine Frucht bringen von ihm selber, er bleibe denn am Weinstock: also auch ihr nicht, ihr bleibet denn in Mir. **Ich bin der Weinstock, ihr seid die Reben.** Wer in Mir bleibet, und Ich in ihm, der bringet viele Frucht; denn **ohne**

Vom Weinstock.

Mich könnet ihr nichts thun. Wer nicht in Mir bleibet, der wird weggeworfen, wie ein Rebe, und verdorret, und man sammelt sie, und wirft sie ins Feuer, und muß brennen.

Sprüche: Gal. 5, 22: „Die Frucht des Geistes ist Liebe, Freude, Friede, Geduld, Freundlichkeit, Gütigkeit, Glaube, Sanftmut, Keuschheit." Röm. 5, 3—5: „Wir rühmen uns auch der Trübsale, dieweil wir wissen, daß Trübsal Geduld bringet; Geduld aber bringet Erfahrung; Erfahrung aber bringet Hoffnung; Hoffnung aber lässet nicht zu schanden werden." 1. Pet. 1, 6. 7: „Ihr seid jetzt eine kleine Zeit traurig in mancherlei Anfechtung, auf daß euer Glaube rechtschaffen und viel köstlicher erfunden werde, denn das vergängliche Gold, das durch Feuer bewähret wird zu Lob, Preis und Ehre." 2. Kor. 3, 5: „Nicht daß wir tüchtig sind von uns selber, etwas zu denken, als von uns selber; sondern daß wir tüchtig sind, ist von Gott." Matth. 3, 10. 12: „Welcher Baum nicht gute Früchte bringt, der wird abgehauen und ins Feuer geworfen. Die Spreu wird er verbrennen mit ewigem Feuer."

Katechismus: Taufe, zweites Stück: „Wer aber nicht glaubet, wird verdammt werden." Viertes Stück: „Daß der alte Adam in uns durch tägliche Reue und Buße soll ersäuft werden und sterben mit allen Sünden und bösen Lüsten, und wiederum täglich herauskomme und auferstehe ein neuer Mensch, der in Gerechtigkeit und Reinigkeit vor Gott ewiglich lebe."

Lied: Spitta: „Bei Dir, Jesu, will ich bleiben, — Stets in Deinem Dienste stehn."

Fragen: 1. Womit vergleicht Sich der Herr? 2. Womit Seinen Vater? 3. Welche Reben wird derselbe wegnehmen? 4. Welche reinigen? 5. Wozu? 6. Wessen versichert der Herr Seine Jünger? 7. Wozu ermahnt Er sie? 8. Wie führt Er dies aus unter dem Bilde der Rebe? 9. Wie wendet Er dies nun auf das Verhältnis der Seinigen zu Ihm an? 10. Was geschieht mit dem, der nicht in Christo bleibet? 11. Zähle die einzelnen Stücke der Strafe auf, welche solchen widerfahren wird.

Bemerkungen: Weinstock: Unter diesem Bilde stellt der Herr die innige und notwendige Verbindung dar, welche zwischen Ihm und den Seinen besteht. Denn wie die Rebe für ihren Saft, Triebkraft 2c., lediglich auf den Weinstock angewiesen ist und nichts aus sich selbst vermag, so fließt alles Leben und Vermögen aus Christo. Luther: „Daraus folget, daß umsonst und verloren ist, alles was man thut außer Christo." — **Weingärtner:** Gott pflegt den Weinstock. Als solcher thut Er ein zweifaches: Erstens schneidet Er die unfruchtbaren Reben weg, d. h. Reben, die etwa abgestanden und dürre sind, den Weinstock verunstalten und keinen Nutzen bringen; oder die nicht Frucht tragen aber noch grüne sind, sich vom Safte des Weinstocks nähren und den fruchttragenden den Saft entziehen; zum andern pflegt Er die fruchtbaren dadurch, daß Er sie reinigt und von allen überflüssigen, schädlichen Schößlingen befreit, welche aus den fruchtbaren Reben heraus=wachsen und deren Fruchtbarkeit und Wachstum beeinträchtigen. Das Re=sultat ist mehr und süßere Frucht. Zu dem Ende sendet Gott den Seinen Trübsal 2c. — **Bleibet in Mir:** Jede Rebe, die vom Weinstock losgelöst und hingeworfen wird, verdorrt. Nur dadurch ist Leben möglich, daß beide (innig) vereinigt bleiben. Denn die Rebe, die von dem Weinstock Christus losgelöst ist, wird nicht etwa aufs neue gepflanzt, sondern gesammelt und verbrannt.

Schluß.

Während wir wohl keines der eigentlichen Gleichnisse übergangen haben, ist eine Reihe der Gleichnisreden hier nicht aufgenommen. Dieselben sind zum großen Teil so eng mit Geschichten, Reden 2c. des Herrn verbunden, daß sie hier nicht besonders behandelt worden sind, sondern entsprechenden Ortes in der Biblischen Geschichte gefunden werden. Wir haben Bezug auf Bilder wie diese: Das Salz, das Auge, das Licht, die Vögel, die Lilie, der breite und der schmale Weg 2c., in der Bergpredigt; die Neugeburt, der Wind und die eherne Schlange, in dem Gespräch mit Nikodemus; das leben=dige Wasser am Jakobsbrunnen; das Lebensbrot anknüpfend an die Spei=sung der Fünftausend und etliche in den Abschiedsreden vorkommende.

Will man die Gleichnisse richtig deuten und verstehen, so ist vor allem darauf zu achten: Was will der Herr damit lehren? Was ist Zweck und Absicht? Dieser Hauptpunkt ist stets im Auge zu behalten und die übrigen Stücke müssen diesem untergeordnet werden. Lassen wir zum Schlusse un=sern Vater Luther darüber noch zu Worte kommen. „Man muß diese Gleich=nisse nicht in allen Stücken ansehen," sagt er in einer Predigt über das Evangelium von den Arbeitern im Weinberg, „sondern auf das Hauptstück merken, was Christus damit wolle; nicht achten, was Pfennig oder Groschen heiße, nicht, welche die erste oder letzte Stunde sei; sondern was der Haus=vater im Sinn hat und will, wie er seine Güter ja allein will geachtet ha=ben, mehr denn alle Werke und Verdienste. Gleichwie in dem Gleichnis vom ungerechten Haushalter wird uns nicht das ganze Gleichnis vorgehalten, daß wir auch sollten unsern Herrn betrügen; sondern allein die Klugheit desselben Haushalters, daß er sich so wohl und weislich versorgt und sein Bestes erfand, wiewohl mit seines Herrn Schaden. Wer nun daselbst wollte lang suchen und predigen von den Schuldnern, was das Register, Oel, Korn, Maß bedeutet, der käme von der rechten Meinung und folgete seinem Dich=

Schluß.

ten, das nirgend zu nütze wäre. Denn solche Gleichnisse sind nicht darum gesagt, daß alle Stück zu halten wären." Man hat sich darum bei Auslegung der Gleichnisse wohl zu hüten, daß man einzelne Züge untergeordneter Art ungebührlich hervorhebe und dadurch die Hauptsache verdunkle.

Inhalts-Verzeichnis.

Einleitung 3

I. Die Entwicklungsgeschichte des Reiches Gottes.

1. Vom Säemann oder viererlei Acker 6
2. Das Unkraut unter dem Weizen 8
3. Vom Senfkorn 11
4. Vom Sauerteige 13
5. Vom Schatz im Acker 14
6. Von der köstlichen Perle 15
7. Vom Netz im Meere 17

II. Das Walten der Gnade und des göttlichen Erbarmens.

8. Der barmherzige Samariter 19
9. Das große Abendmahl 21
10. Vom verlornen Schaf 24
11. Vom verlornen Groschen 26
12. Vom verlornen Sohn 28
13. Der ungerechte Haushalter 32
14. Vom reichen Mann und armen Lazarus 35
15. Vom ungerechten Richter und den zwei Freunden . . 38
16. Der Pharisäer und der Zöllner 40
17. Der Schalksknecht 42

III. Die richtende Gerechtigkeit Gottes.

18. Die Arbeiter im Weinberg 45
19. Von den anvertrauten Pfunden 48
20. Von den anvertrauten Zentnern 51
21. Der thörichte Reiche 54
22. Der unfruchtbare Feigenbaum 56
23. Vom hochzeitlichen Kleide 59
24. Die ungleichen Söhne 62
25. Die bösen Weingärtner 64
26. Die zehn Jungfrauen 67

IV. Gleichnisreden über Christi Person und Werk.

27. Vom guten Hirten 70
28. Vom Weinstock 72
    Schluß 74